U0041086

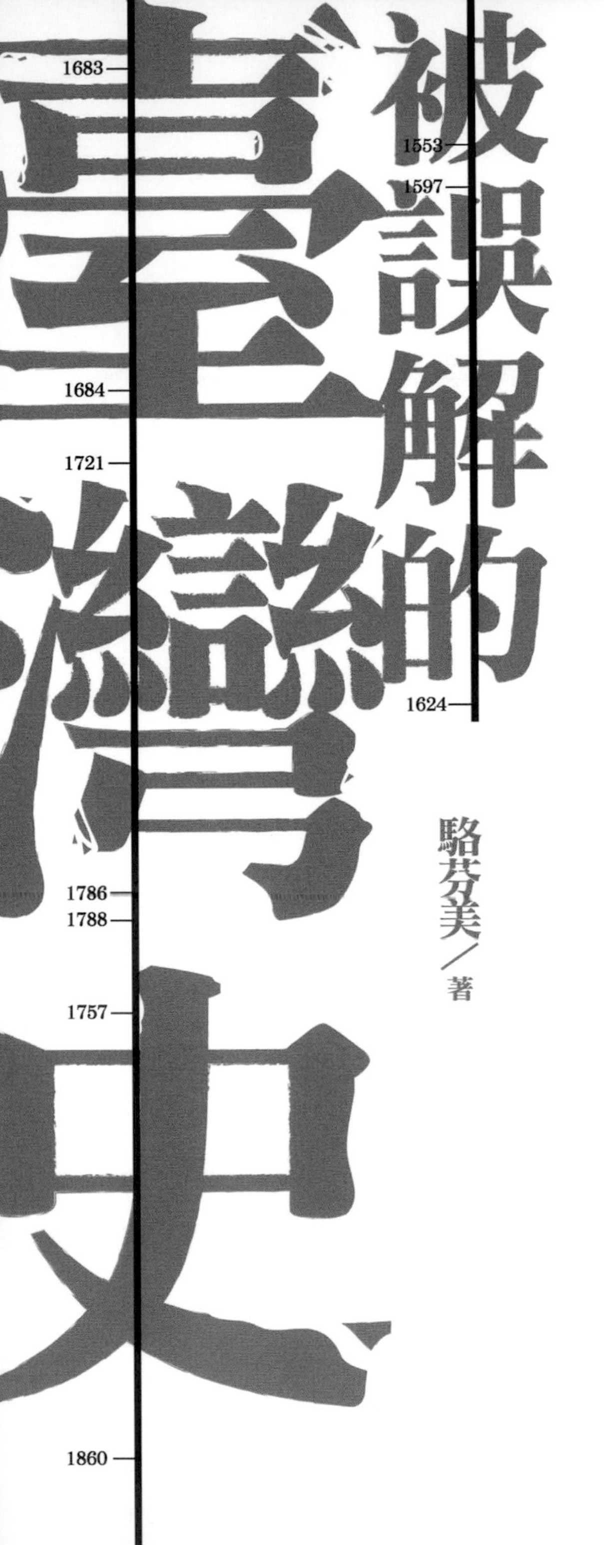

1553—1860

之史實未必是事實

駱芬美／著

推薦序

歷史去偽始見真相

宋光宇（佛光大學生命與宗教學系教授）

駱芬美教授的新書文筆流暢、內容豐富，是本值得一讀的好書。

這本書的最大優點就是把十七世紀明朝末葉，西班牙人、荷蘭人、葡萄牙人、英國人相繼東來，以及他們與中國東南的海商鄭氏集團，相互周旋較勁的實際狀況，說明得非常精確、扼要。像我這樣的外行人，一看就明白是怎麼一回事，這本書的功力絕對不在正式的學術著作之下。

對於明朝末年、南明四帝、荷蘭人、鄭成功等的印象，一直被「反清復明」四個字綁住了。只要對中國歷史稍有涉獵的人在心中都有個同樣的疑惑：中國歷朝歷代中，明朝是皇帝品質最差的一朝，對朝臣也是最苛刻的一朝，為什麼覆亡之後，卻一直有人想著要復興它？南明四朝也一樣權臣內鬥、乾綱不張，鄭成功為什麼要遵奉南明為正朔？這些反常的現象究竟隱含了什麼更深層的意義？這些問題不僅困擾著我，也同樣困擾著關心這段歷史的學人。

就閩南海商鄭氏三代的行事風格來說，他們祖孫三代共同關心的主軸思想，就是「做生意，賺錢」。

當時，西班牙人用殖民地墨西哥和祕魯出產的白銀，在馬尼拉與中國海商交換生絲和瓷器，形成「海上絲路」。這條海上絲路前後維持了兩百五十年左右，貿易方式一直很穩定。西班牙人掌握了巨量的白銀，其他國家取代不了他們的優勢地位。鄭氏集團也從來不去爭奪這條路線，鄭成功和鄭經都知道，一旦趕走西班牙人，奪下馬尼拉，白銀的供應就斷絕了，整個菲律賓群島又不出產價格高昂的香料，拿下馬尼拉，等於拿了個荒島，不如就維持西班牙人占領的現狀，可以長久做白銀和生絲的貿易。

荷蘭人和葡萄牙人的情形就不同了，都是做買空、賣空的生意。他們本身沒有獨占的貴重物品，要到摩鹿加群島去買茴香、荳蔻、八角、肉桂等香料，運回歐洲去賣，賺取高昂的利潤。由於香料商人不收黃金或白銀，只收印度棉布，而印度人喜歡黃金飾品，中國一向用黃金做飾品，可以自由買賣，於是荷蘭人和葡萄牙人想盡辦法在中國東南沿海找個可以立足的貨棧，把中國的黃金飾品運銷印度。葡萄牙人捷足先登，占有了澳門。荷蘭人在巴達維亞（今雅加達），距中國太遠，於是不斷向明朝交涉，要在澎湖風櫃設立貿易站。明朝不允許，但授意荷蘭人可以到臺灣，也應允繼續供應他們所需的貨物。這就是荷蘭人來到臺灣的根本原因。

荷據時期，中國的黃金從廈門出口，運到臺南安平，再轉運巴達維亞，乃至印度的果亞，去買印度棉布，再運棉布到摩鹿加群島買香料，運回歐洲去賣，可以賺兩、三倍利潤。閩南海商鄭氏集團在這個世界貿易網中也插上一腳，書中記述鄭成功如何切斷荷蘭人在臺南安平的進出口，獨占海上貿易；書上沒有提到的是鄭氏在這個貿易網中所需的身分和地位。

鄭成功只是商人，關心的是如何賺錢，可是在與日本藩主、幕府大將軍、荷蘭東印度公司等對象交涉時，需要有官方頭銜。他不可以是「君主」，因為君主不會親自做生意，只有受封的公侯才有這樣的特權，於是鄭成功仿效日本天皇和幕府大將軍的模式，自任大將軍，而需要有個虛位天皇。這就是他擁立隆武帝、遙奉南明永曆帝的根本原因。

隆武帝時，他受封忠孝伯、御營中軍都督，賜國姓「朱」，改名「成功」，儀同駙馬。永曆八年又受封為「延平郡王」。有了這樣的身分，就可以名正言順地跟日本藩主和幕府大將軍、荷蘭東印度公司、乃至後來的英國東印度公司進行談判、簽約、發信、招降等工作。北京皇帝太遙遠，又不聽使喚，搞不好會有殺頭的下場，父親鄭芝龍的下場就是明證。遵奉南明永曆帝，既有正式身分，又不會受到永曆帝朝廷的箝制，更不會有殺身之禍。到此，我心中的疑惑就豁然而解了。他把日本天皇和幕府大將軍那套把戲玩到出神入化，「反清復明」只是鄭成功的口號和招牌，骨子裡就是要「賺錢」，而我們一直被這齣好戲迷惑住了。

又因跟西洋人周旋日久，深深瞭解西洋人占領港口、貨棧的手段。在鄭成功的心目中，他的版圖不會很大，但都是海島，不會被陸上政權封住的地方。這些海島是廈門、金門、東山、臺灣和長江口的崇明島。在這樣的考慮下，當廈門和金門受到清朝廷威脅時，只有移居臺灣，才能繼續家族的海外貿易。

這樣的剖析把鄭成功從我們熟悉的「民族英雄」神主牌上拉下來，還原成本來面目。科學的精神不在「求真」，因為做不到，只能做到「去偽」。駱芬美的這本書做到了「去偽」的工作，是可喜可賀的事。

二〇一三年一月二十八日書於南港筆耕田書房

我愛說「古」的姐姐

駱芳美（美國堤芬(Tiffin)大學犯罪防治與社會科學學院副教授）

聽到雙胞胎姐姐要出書，我興奮極了。為什麼呢？因為更多人有機會聽到她說的故事了。

身為土生土長的臺灣人，其實對故鄉的歷史淵源所知不多。年輕時，歷史課未教到臺灣史，即使有教我可能也記不得了。我每次讀歷史，看到一堆年代與人名，腦袋就糾結在一起，背得頭昏眼花，考試時仍然張冠李戴；讀到書上那些歷史事件與地名，就一頭霧水，只能拚命死記著，常望著考題卻記不起那個事件是怎麼一回事。

如此推想，一定猜得出我是不愛讀歷史、也不懂如何學歷史的人。聽到家姐大學選擇進入歷史科系時，我甚感疑惑不解，孰料姐姐居然在歷史領域食髓知味，從學士、碩士、博士一路獻給了歷史。「歷史有這麼好玩嗎？」我忍不住問。

有天，姐姐打電話來美國，告訴我她將在電臺開一個解說臺灣歷史的節目，邀請我屆時可透過電腦收聽她的廣播。姐姐要上電臺可是大事喔！認真地記下播出時間再換算成美國的時間，終於聽到電腦裡傳出：「各位觀眾你好，我是銘傳大學歷史老師，駱芬美。」我興奮地告知孩子們「阿姨來了！」他們就知道接下來的一個鐘頭不可以吵媽媽。也許是親情的聯結，親切感使然，不愛歷史的我居然聽得津津有味；之後只要時間許可，我都不會錯過，準時與家姐空中相會。

姐姐會以人物或事件作為主題，從中勾勒出這個人與臺灣社會文化發展產生的聯結；或講述事情發生的情況，引導聽眾去瞭解該事件與當時社會環境的關聯。從中我才慢慢體會到英文的歷史一字為何叫做 history，原來每段歷史都是他人的故事 (his story)。因此我們當然要知道他們的名字與出生的年代，然後要知道這個人做了什麼事，最重要的是可以從那些人的經驗學到什麼，以作為未來生活的指標。

有了這樣的體會，姐姐口中的歷史人物、年代對我來說不再只是無聊的名詞；姐姐講述的事件不再是盤古開天地時發生的舊事。她陳述了一段段有血肉、有感情、有抱負、活生生人物，在他們的年代與社會環境的人生故事。講完一段「往者已矣」的故事，姐姐常會問聽眾：「你說呢？」這個問句常提醒我仍有「來者可追」的機會，應該更努力去書寫自己的人生故事。

「歷史有這麼好玩嗎？」我再問。

「如果歷史老師都像我姐姐這樣教的話，肯定是好玩的。」

現在這位愛說與會說「古」（臺語，故事之意）的姐姐即將把一篇篇有趣的故事集結成冊，帶領我們去認識曾發生在臺灣這片土地上的點點滴滴。每次回臺灣，就看到故鄉「一眠大一寸」般日新月異，但到底臺灣應該往哪裡發展呢？讓我們先靜下來讀讀駱芬美老師告訴我們的前人來時路，也許會讓每個人在回答這個問題時多一些省思。

謝謝姐姐給我機會為新書寫推薦序，期盼每個讀者閱讀愉快！

作者序

因緣際會臺灣史

人過中年，對歷史的感覺似乎變得強烈了許多，特別是走入臺灣歷史的探索中，有了更多無法自拔的感動。期望透過本書，與大家分享。

我出生自視臺灣史為禁忌的年代，直到一九九一年讀博士班時，才正式修到臺灣史相關課程，曹永和老師和宋光宇老師就是引領入門的恩師。但碩士論文寫明代史，博士論文自然也選擇明代史，雖然對臺灣史有興趣，但自認非「科班」出身，始終不敢大步向前邁進。

我一九八二年碩士班畢業後，兼任多所學校通識課程，直到二〇〇〇年到銘傳大學通識中心專任。通識中心集結了多樣領域的老師，透過經常的溝通與對談，寬闊了思考的模式與角度。

教學始終是我的興趣，但因學生大多來自非歷史本系，學習動機甚弱，視歷史為「背多分、講光抄」，有固定答案，不可能有討論空間；而我總是不斷想挑戰學生，讓他們有不一樣的歷史思維。在教學相長之下，我成了最大的受益者。

十幾年前，莊焜明老師告訴我：通識教育應該教當代中國或臺灣，因為兩岸交流頻繁，認識當代中國是很重要的；而身為臺灣人，當然應該更清楚地瞭解臺灣。只是學生對當前的中國大陸興趣不高，相關課程很難開設成功；而臺灣史近十幾年來已成為顯學，我就順勢走入了這個領域。

每次上臺灣史時，學生好像在聽外國史，出現疏離、冷淡的反應，彷彿臺灣史是比中國史，甚至世界史更遙遠的「異國」歷史。我經常像傳教士般，不斷召喚、強調，臺灣史是「我們家的事」！但為什麼會是這樣的狀況呢？

多數人對歷史老師總有很會講故事的既定印象，但我始終不認為自己是個講故事高手。直到二〇〇九年九月，在學妹兼同事康才媛的引薦下，接了九八新聞臺（FM98.1）「九八講堂」中主講臺灣史的節目，講故事才變成我的「專業」。

說真的，講故事給聽眾們聽，是很有成就感的。當我花心思將收集來的資料，變成一則則故事時，經常有聽眾給我極大的回饋；而有機會參與陳鳳馨節目，對談劉銘傳，使我有機會讓歷史變得更加平易近人。重要的是，孫偉鳴臺長的支持及製作人王淑華的鼓勵，讓我在臺灣史的探索有了精進的機會。

藉著廣播節目的因緣，時報出版采洪總編打電話到學校，我們相約碰面討論，對出版通俗性的歷史讀物，我是既興奮又惶恐。

本書十三篇主題是一次次見面中，我不斷講故事之後，由采洪總編理出大綱。書寫剛開始，習慣論文書寫方式與口氣，要調整寫作筆法真的很困難。加上編輯的嚴謹，以及不熟悉出版流程，讓我在資料處理、文字書寫上，一回又一回確認與修改。

本書能夠完成的大功臣之一是我老公蔡坤洲，先是為了對所書寫的內容再次印證，我希望能夠走到每個歷史的現場；為了讓全書容易閱讀，希望能夠增加圖片，是他陪著我到臺灣各地、澎湖、金門四處探訪，既當司機，又得拍照，同時負責修圖。他退休後，開始學習攝影與修圖，正巧幫了我一個大忙，書上照片大部分出自他的手。拍照之前，我會先講故事給他聽，學理工的他這才發現臺灣、金門、澎湖，竟有這麼多值得玩味的故事。

但是再怎麼「踏破鐵鞋」，總有意料之外，千里迢迢飛到澎湖，才發現天后宮被鐵皮團團包圍著，幸好遇到素昧平生的導遊藍啟瑞先生慷慨無償分享他的攝影作品。

翁佳音老師大方將珍貴收藏的圖檔提供給我無償使用，並答應審閱文稿及推薦。宋光宇老師提供寶貴意見，並書寫長篇推薦序。在此向兩位老師致謝！

我是隨遇而安又喜歡新鮮事的水瓶座。本書的孕育從接到采洪總編電話開始，經歷了一段段奇妙的人生旅程，先是在文字資料堆裡琢磨，再來是抱著地圖（雖然經常看錯而迷路），開了好大一段路，走訪每個歷史現場，那種悸動與興奮的臨場感，只遺憾文筆不夠銳利，無法傳達於萬一。總之，謝謝時報出版給我這次機會，讓我將過往的知識，重新回顧、印證，並進一步學習、體會。

除了我老公蔡坤洲的協助，九十高壽爸爸駱雲從的鼓勵，雙胞胎妹妹芳美的支持，銘傳大學通識中心主管、同事及鐘祕書分擔了學校的工作，讓我能專心完成這本書。特別是康才媛，在我人生轉折處，扮演了重要的推手角色。采洪總編、憶伶資深編輯、少鵬主編，以及為本書推薦的各位先進、老師們，一併致謝！

更要感謝翻閱本書的讀者們。在電子化、雲端化的趨勢下，抱著實體書的閱讀經驗，是值得深刻體會並珍藏的。

感謝上帝，賜給我的這一切！更祈求上帝賜福臺灣！

二〇一三年一月二十八日於臺北

目錄

目錄

1

西方人如何認識臺灣？

你以為：四百多年前葡萄牙人發現臺灣，並命名為「福爾摩沙」

事實是：葡萄牙人只是經過並未登陸，真正登陸且稱呼「福爾摩沙」的是西班牙人

四百六十幾年前，葡萄牙水手搭船從海面上看到臺灣島，驚豔地喊出「福爾摩沙」（Formosa，美麗之島）[1]！

長久以來，歷史書中都是用這一幕作為臺灣被西方人認識的開端；也認為西方人從那時起就愛上臺灣，並想占領這座美麗的島嶼。

葡萄牙人雖是第一個發現臺灣的西方人，但他們只是經過並沒有登陸；反而是後來的荷蘭人、西班牙人，甚至是英國人都到過臺灣。

開啟「大航海時代」的葡萄牙人在十六世紀中葉到達日本，十年後又獲准占領澳門

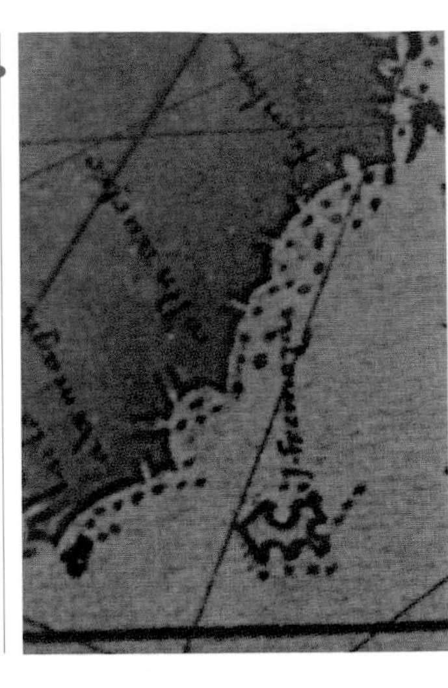

圖1　一五五四年葡萄牙人 Lopo Homen 手繪的〈世界地圖〉——臺灣（I. Fremosa）局部圖

葡萄牙人關於臺灣的最早紀錄，應是船長或水手們在航海日記中記錄所看到的臺灣島，因而在 Lopo Homen 手繪的世界地圖，北回歸線以北有個狀如變形蟲的島嶼標名為 I. Fremosa，後來他的兒子改正為 I. Fermosa。這是葡萄牙文獻最早有關「Formosa = 臺灣」說法的紀錄。（取自《鎖國前に南蠻人の作れる日本地圖》）

（一五五三年）[2]，於是他們的船隻往返日本和澳門之間，以中國的絲和黃金交換日本的白銀。

葡萄牙人找中國水手來操控帆船，船在澳門裝載貨物後，駛出廣州灣，沿著廣東向東北航向福建漳州，再轉向琉球群島前往日本，走這條航線會沿著臺灣西部海岸線航行三天，葡萄牙水手可能是第一次發現臺灣，因此留下深刻的印象。

但當時在葡萄牙地圖繪圖師筆下的臺灣島形狀，並不是我們現在熟知的模樣，而是像一隻變形蟲（圖1）。

葡萄牙人對臺灣的感受，可以從《東印度水路誌》[3]記載看出：「小琉球島（臺灣當時被稱為小琉球）位於北緯二十五度處，是個高山綿延而形狀細長的島嶼。……我們沿著琉球島平靜度過三天，吹著涼爽的季風。我們的平靜，想來是因為相當接近陸地油然而生的感覺。」

TROPICVS CANCRI
SINENSIS
OCEANVS
Lequeo pequeno
I. Fermosa
INSVLÆ
PHILIPPINÆ
Las dos hermosas
IAPONES
Lequeo grande
Dos Reys Magos
C. de Liampo
Timbaeam
I. dos Matalotes
I. do Arrecifes
Arnoldus F. à Langren delineavit.
Os Papuas
OS PAPVAS
I.d'agoada
I. dor Graos
I. das Palmeiras
I. da Talaya
Moluccæ
CELEBES
Tagima
Solor
Boqueiram
BORNEO
I. de Lamao
Bona Ventura
I. Brancos
Pulo Cao
CAN
TAM
Sanchoam
Omandari
I. de Pracel
Ponta de Aynam
Pulo Corain
QVANCH
Enseada de Canchinchina
CAVCH INCHINA
QVICHEV
SIAM
PEGV
SVINAM
CAMBO
Cambodia
Pulo condor
Pulo Cecir
Mon Pracem
Naruna
Ariabo
Pulo hube
Pulo Tiyao
Chinabara
Charabom
MAYOR
IAVA
Simda calapa
Bontom
Palimbam
SVMATRA
Pulo Sambilaom
Apoluoreira
Gomespola
Achem
Pacem
I. de Nicubar
Anlemaon
Nacondao
Durudita
I. Alta
Crara
Bengala
NOVA GVINEA
QVINOCTIALIS
Nusafira
Bianacao
Crimara
I. de Madura
Cirima Iaoa
Iapara
R. Dema
Panareca
Gicaliam
Galle
Burro
Xulla
Terra alta
Pangicaz
Sanguin
Ternate
I. Cenaõ
Pulo Tiga
Puloaym
Manila

圖2　一五九六年林斯豪登（Jan Van Linschoten）所繪〈中華領土及海岸線精確海圖〉（局部圖）

一五九六年林斯豪登《東印度水陸誌》第一編所附插圖〈東南亞海圖〉上有臺灣（紅圈處），形狀是三個方形島，其中南島沒有名字，中島為小琉球（Lequeo Pequeno），北島為 Ilha Formosa。這是林斯豪登根據航海日記，又加入了中國人的見聞所形成的印象。《東印度水路誌》在歐洲頗受歡迎和重視，這個三島形狀的地圖流行於全歐。當時已有較精密而正確的海圖，但並未廣泛流通。（國立臺灣歷史博物館提供）

十六世紀末，臺灣在外界的眼中，不是一個整體相連的島。例如：西方人將臺灣繪成三個猶如豆腐塊的方形島（圖2）；連明朝人畫的臺灣地圖，也是上下排列的三個島[4]。

繼葡萄牙人之後看見臺灣的老外是西班牙人，他們將臺灣當成菲律賓群島的一部分，且是「福爾摩沙」的真正命名者[5]。一五七一年，西班牙人占領菲律賓馬尼拉後，從南美洲墨西哥運白銀到馬尼拉，換回中國的絲綢、瓷器；之後又開發日本市場，從馬尼拉出發，經巴士海峽，沿臺灣東岸北上日本，再橫渡太平洋回到墨西哥，在這條貿易路線中，他們認識了臺灣東部、東北部。

西班牙人想必已意識到臺灣地理位置的重要性，馬尼拉的西班牙總督曾建議國王收服臺灣，只是西班牙國王並未採取行動。直到盛傳日本戰國武將豐臣秀吉要征服臺灣，西班牙人擔心日本占有臺灣之後，會一併掠奪馬尼拉與中國之間的貿易，於是打算先攻下臺灣，

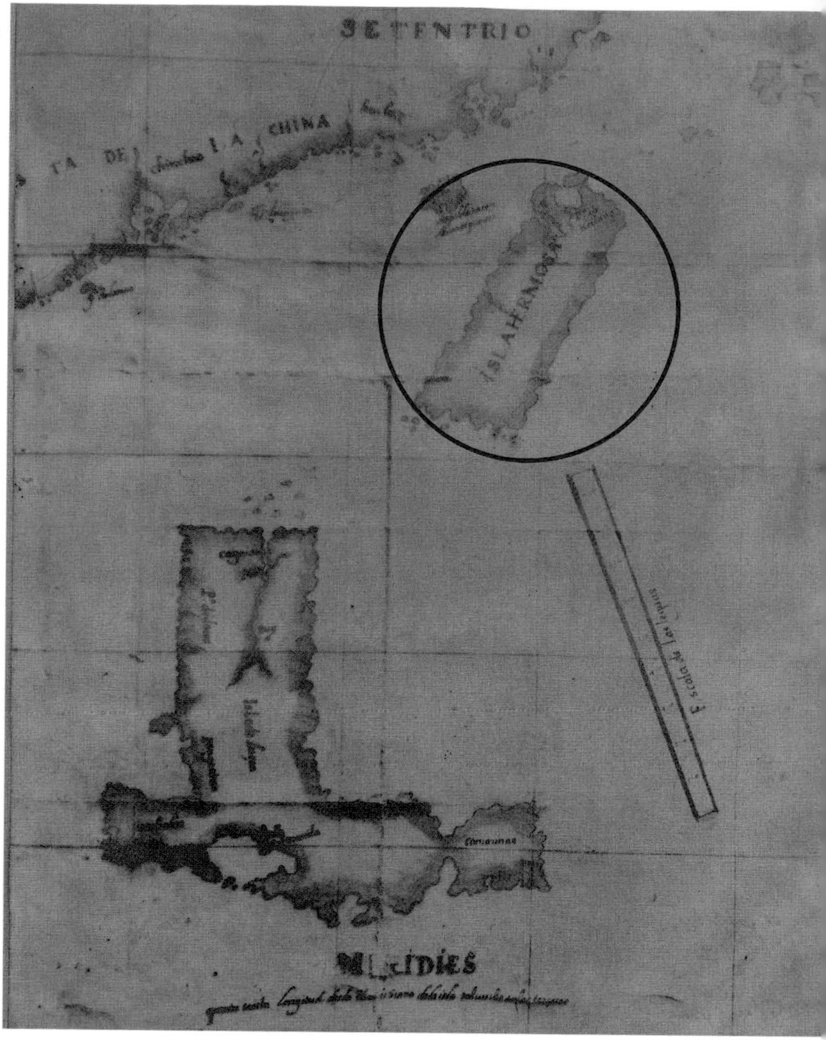

圖3 一五九七年德羅留（Hernando De los Rios）所繪〈呂宋島、福爾摩沙及中國的部分沿海岸圖〉

為任職西班牙菲律賓政府的軍官德羅留上書給西班牙國王菲立普二世（Felipe 二）信中所附的地圖，以臺灣地理位置優越，建議國王占領臺灣。本圖可能是最早一張由西方人所繪的臺灣全島圖，而且臺灣是個完整的大島，而非三個相連的小島。（國立臺灣博物館提供）

圖4　十七世紀的倭寇
這些被稱為「倭寇」的海盜，包括許多來自中國東南沿海，特別是福建的漢人海盜。（中研院臺灣史研究所翁佳音教授提供）

特地請人繪製了〈菲律賓防禦戰略地圖〉，臺灣才終於被畫成一個完整的島，雖然形狀是接近長方形的，但顯然西班牙人比葡萄牙人更清楚臺灣的樣子（圖3）。

葡萄牙人從海上看到臺灣西部，西班牙人認識了臺灣東部，日本「倭寇」（圖4）則是在十六世紀中葉，騷擾浙江、福建和廣東沿海一帶，被明朝征討後轉進臺灣。

到了十七世紀初，日本的德川幕府鼓勵通商貿易，而且日本的銀產量增加後，消費力擴大，需要更多中國生絲、絲織品；但是明朝因之前的倭寇事件，並不想和日本做生意；於是中國商人的船與日本的朱印船（圖5）就在明朝管不到的臺灣會合，進行走私貿易。日本人想要中國的絲，中國人想要日本的銀，福建商人前往日本，以及日本人到中

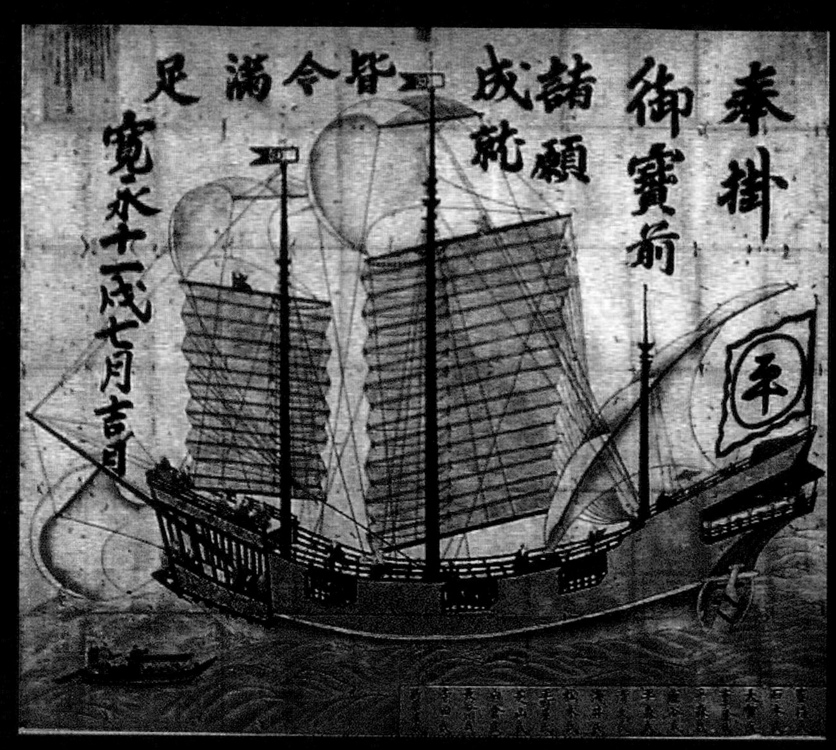

圖5　朱印船

日本朱印船制度是在德川幕府時代的一六〇二年確立，就是持有渡航許可證的船。出海貿易的船隻必須經政府核准，核准的狀上會寫上航行目的地及批准日期，右上角蓋有幕府將軍的紅色官印，稱為朱印狀，持有朱印狀的船稱為朱印船。朱印船曾往來東南亞、臺灣、馬尼拉之間，到了一六三五年，德川幕府以國家安全為由，廢止朱印狀制度，也停止朱印船出海航行。（中研院臺灣史研究所翁佳音教授提供）

國沿海或到東南亞貿易，都必須經過臺灣海峽，臺灣海峽愈來愈熱鬧，不斷有商船往返。

隨著全球白銀市場[6]形成，占有國際貿易地利之便的臺灣一時之間成為兵家必爭之地。一六一九年，西班牙道明會士馬丁略 (Bartolomé Martinez) 指出：臺灣的戰略地位可與澳門匹敵，是前往日本或中國最好的中繼站，不但對中國貿易便利，貨品價格低廉，而且中國官員不會來此課稅，因此要盡速征服臺灣，建立港口，以免被日本人捷足先登。

一五九九年即現身菲律賓海域的荷蘭人，為了比對手西班牙人在更靠近中國的地方搶到據點，一六二二年先進攻澳門。只是荷蘭人搶占澳門的計畫未成，反而後來居上占領臺灣。西班牙人為此十分不安，趕緊在荷蘭人來臺灣兩年後，也到臺灣北部的雞籠（基隆）建立殖民據點，以防止前往日本的路線被切斷。

西班牙人抵達臺灣後將近一年，帶著尋找黃金的大夢，從馬尼拉派出了一艘補給船，來到傳說中產黃金的「多羅滿」（今花蓮立霧溪口附近），補給船上的人幾乎都被原住民所殺，西班牙駐基隆的長官於是下令停止尋找黃金。但在不幸事件發生五年後的一六三二年，還是有個不肯放棄的西班牙人阿葵拉 (Domingo Aquilar) 跑到花蓮立霧溪淘金，他說：「金沙是一小顆一小顆從河裡洗出來的，暴風雨過後，就可以在下游找到比較大的金塊。」

同一年，西班牙道明會神父為了向馬尼拉的西班牙總督多爭取一些士兵和物資，以方便他們在臺灣傳教，在所寫關於臺灣的報告中，也將臺灣東部描述成富藏「黃金」與「白銀」

的地方，並強調花蓮的金礦具有探勘價值。

不過西班牙總督對臺灣的黃金顯然興趣不高，加上西班牙人經營基隆不得法，經濟上無法自給自足，戰略上也偵察不到日本人與荷蘭人對菲律賓所採取的動向，又遇到本國境內經濟蕭條，只好拱手將占領地讓給荷蘭人，一六四二年退回到馬尼拉。

西方人來到臺灣，除了做生意之外，還有傳教的目的。德國牧師康第紐斯（**Georgius Candindius**）在荷蘭人統治臺灣三年後，受雇於荷蘭東印度公司，隨船來到臺灣，住在原住民部落新港社（今臺南新市），傳教十六個月後，號稱有一百二十人願意聽他講道。當時他為了向荷蘭東印度公司總督爭取奧援，寫了一篇〈福爾摩沙簡報〉。

簡報中描述臺灣原住民友善、有自信、脾氣好、願意給陌生人食物和飲水。他更提到原住民的生活中，隱含某種形式的「民主」體制，和希臘羅馬「每個人都獨立思考提案」的傳統頗為類似，原住民之間相互辯論的場面，就如同希臘人在市民廣場集會，大聲互相詰問的情形一樣。

康第紐斯牧師堅信，臺灣島一定會建立起全東南亞最先進的基督教社群，甚至還能和荷蘭本國爭勝。雖然傳教的效果不如預期，但這份簡報承載著他的熱情，在往後的四百年，年復一年，不斷地召喚基督教傳教士，不辭千里迢迢來尋找這伊甸園中美好的人們（圖6）。

此外，當時的西歐人更想知道荷蘭東印度公司在東亞及福爾摩沙的貿易情形，但荷蘭

圖6　西方人筆下描繪的福爾摩沙人
（中研院臺灣史研究所翁佳音教授提供）

東印度公司將這些資訊視為最高商業機密，更引起歐洲人的好奇心。

當時從亞洲各地進口昂貴的貨物，全依據荷蘭東印度公司的消息來定價，歐洲商人們因而十分在意荷蘭東印度公司在各地的貿易經營狀況。鄭成功登陸臺灣後的各種消息，在通訊不發達的十七世紀，陸續透過各種「快報」[7]，橫越九千五百公里傳到荷蘭，並輾轉傳播到歐洲各國。當時訊息很混亂，商人們雖然對貿易局勢感到緊張，但總覺得情況應該不至於太悲慘。

當荷蘭人於一六六二年被鄭成功打敗的消息，在隔年出版的《荷蘭信使》[8]中披露，立即轟動整個歐洲，所有人都想知道，荷蘭為何會丟失臺灣這個賺錢的據點。各種相關書籍紛紛出版[9]，各人立場和觀點不同，臺灣淪陷事件變成一起羅生門。

荷蘭東印度公司在臺灣的末代長官揆一（Frederick Coyett）戰敗後，帶著一千多名荷蘭人與其眷屬，陸續回到巴達維亞（今印尼雅加達）。揆一原先被判死刑，四年後被放逐到印尼馬魯古省班達海群島中的艾島（Ay）。他在被流放期間撰寫了《被遺誤的福爾摩沙》一書，並匿名出版[10]，詳述臺灣淪陷的來龍去脈，並將責任歸咎於荷蘭的巴達維亞當局決策失誤。

臺灣從此沒有再回到歐洲人手中，福爾摩沙的歐洲人故事永遠停格在一六六一年至一六六二年那一段被鄭成功圍城的歷史上。當時揆一帶著荷蘭人堅守熱蘭遮城（今臺南安平古堡），鄭成功找了亨布魯克（Antion Hambroeck）牧師前去勸降，亨布魯克牧師回報揆一拒絕投降的消息後，卻被鄭成功所殺（圖7）。亨布魯克牧師因此被歐洲人視為新時代的殉教典範，鄭成功則成了異教徒殺人魔（圖8、9）。

圖7　描繪亨布魯克牧師自我犧牲的版畫
鄭成功攻下普羅民遮城（今赤崁樓）後，因禁了傳教士亨布魯克牧師及家人，後來牧師被鄭成功送往熱蘭遮城勸降時，反而激勵荷蘭同胞不要投降，揆一建議亨布魯克留在熱蘭遮城中避禍，但他仍信守承諾回到鄭成功軍營，報告荷蘭人決意守城。鄭成功震怒，殺了亨布魯克牧師及其他被囚禁的荷蘭人。在十九世紀中期，亨布魯克牧師的事蹟常被歐洲人用來作為筆記本的封面或插圖，當成自我犧牲的楷模。該圖為一八五〇年荷蘭出版的一張版畫，圖中立者為亨布魯克牧師，鄭軍士兵立於門旁監視。（國立臺灣歷史博物館提供）

MISHANDELINGEN DEN HOLLANDEREN AANGEDAAN TE FORMOSA.

上圖8、下圖9　被鄭成功行刑的荷蘭人
（中研院臺灣史研究所翁佳音教授提供）

因荷蘭東印度公司不願將內部的檢討公諸於世，無數個「多可惜」的嘆息與遙想，經過歐洲報刊雜誌的渲染，在歐洲人心目中，「福爾摩沙」成為充滿想像的異域。

為什麼歐洲人會對臺灣好奇呢？從十五世紀起，歐洲人經歷了地理大發現、宗教戰爭的洗禮，以及天文學發現，許多原本言之成理的世界觀受到挑戰。十七世紀以後，隨著印刷術發達，各類報刊書籍等出版品愈來愈多；直到十七、十八世紀之交，歐洲人開始反省自身的處境，對世界各地不同文明與風俗有著極大的興趣與好奇，不斷想要向外面的世界吸收新知。

類似「福爾摩沙」這種能夠滿足歐洲人異域想像的故事，就有了市場的價值；如果敘述者親臨過臺灣現場，或者根本是來自臺灣，就更有真實感了。

十八世紀，歐洲有些「臺灣代言人」寫出一些關於「福爾摩沙」的書籍，竟能大量吸引歐洲人的目光。例如：一七〇四年，一個自稱來自福爾摩沙並信仰基督教的二十五歲青年撒瑪納札(George Psalmanaazaar)，在倫敦出版了一本《福爾摩沙島歷史與地理的描述》。這本書讓他在倫敦社交界中，成為仕紳、名媛崇拜與親近的對象；三年後，他又出版了一本有關日本人與臺灣人宗教對話的英文小冊子，但後來被證明是一本「造假」的書。

撒瑪納札年老時寫下自傳，坦承自己冒稱是臺灣人，憑空想像虛構臺灣原住民的生活、經驗、風土及語言、文字等。他出生於法國南部，一生從未曾離開歐洲。

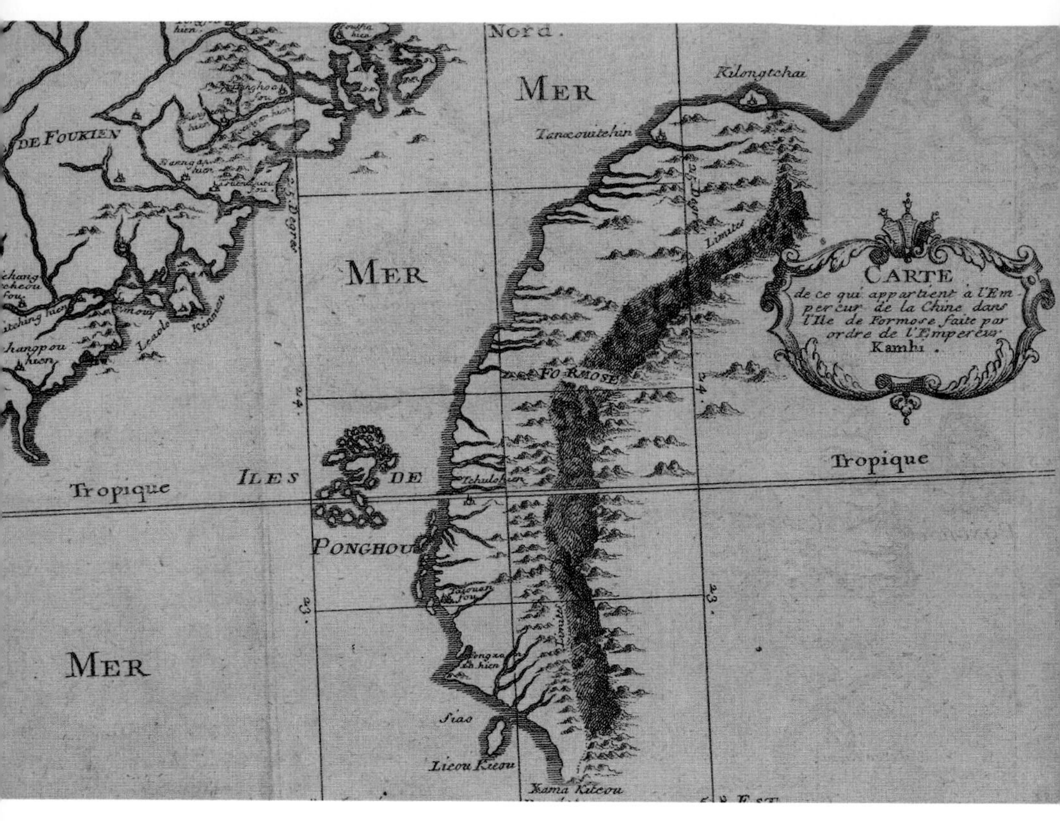

圖10 康熙皇帝命令下調查隸屬大清帝國的福爾摩沙島圖

耶穌會士雷孝思(Jean Baptiste Regis)、馮秉正(Joseph-Francois-Marie-Anne de Moyriac de Mailla)、德瑪諾(Romain Hinderer)三人於一七一四年四月十八日至五月二十日之間在臺灣測繪地圖。(國立臺灣歷史博物館提供)

接著為臺灣「代言」的人是耶穌會士雷孝思、馮秉正、德瑪諾三人，他們奉康熙皇帝之命，花了八、九年時間，跑遍中國各地進行測繪，完成著名的〈皇輿全覽圖〉（大清國全圖）。在福建測繪時，他們特別到臺灣，並將畫好的地圖與文字紀錄，附在寫回法國耶穌會總部的信函中，並被收錄在一七二〇年出刊的《書簡集》，後來轉譯刊登在德文版中。臺灣的面貌，因此隨著這些傳教士的信函來到歐洲（圖10）。

還有一位臺灣代言者是編纂一七三五年出版《中國全誌》的法國神父杜赫德（**Jean-Baptiste Du Halde**）。他參考十六世紀以來累積的資料，完整而有系統地解讀及介紹中國社會文化，成為歐洲人認識東亞的經典權威著作，也影響了歐洲十八世紀中期逐漸白熱化的啟蒙運動。啟蒙思想家伏爾泰、孟德斯鳩等人都深受其衝擊，書中所描述的中國文化成為他們批判社會的靈感來源。

《中國全誌》第一冊〈地理誌〉，附有含臺灣在內的福建省圖（圖11），但是，圖中只顯示出臺灣的西半部，因為當時清朝只統治漢人居住的西部，而原住民所住的地區，則以「番界」隔開。

這本書主要採用馮秉正等人參考《臺灣府志》（清代官員十七世紀末纂修）寫成的書信，因此全是清朝廷的觀點和角度，並將荷蘭人描述成狡詐的形象，這些臺灣資料常被後來研究臺灣歷史的歐洲人所援引。

圖11 含臺灣在內的福建省圖
法國神父杜赫德所編纂《中國全誌》中的臺灣只有西半部。（國立臺灣歷史博物館提供）

歐洲人真正得以方便來臺灣親睹「福爾摩沙」真面貌，其實是清朝廷在一八六〇年將滬尾（今淡水）、雞籠、安平、打狗（今高雄）開放為通商港口之後。當時有各行各業的西方人來到臺灣，包括牧師、收稅員、探險家，也有軍人和商人。

到了十九世紀，在西方人的眼中，臺灣是度假勝地，也是經濟附屬基地，是外國公司進軍中國大陸的跳板，島上有樟木、硫磺井、煤礦和茶園，值得開發並殖民。

透過十九世紀西方旅行家的遊記，福爾摩沙的美麗面貌更為具體了。法國旅行家康斯登・阿曼諾(Constant Amero)形容臺灣的地形：有條山脈縱向穿過，把臺灣切成兩半，山頂可達三千多公尺，其間森林茂密。迷人的景觀和山水對比，讓他驚嘆道：「這些高山從山巔把經過的烏雲撕裂開來，上千條小溪從山頂匯流下來，形成了彩虹般霧氣彌漫的瀑布，水勢湍急，水聲震耳欲聾，長驅奔向低窪的河流。」

另一位法國旅行家奎斯耐(L'eo Quesnel)更說：「海島永遠是美麗的，因為它向環繞著的大海借用美麗和詩意。當它位於陽光普照的地區時，山林濃密，河旁竹林滿布，熱帶植物繁茂，更加迷人……福爾摩沙真是無以倫比。」

被揭去神祕面紗的臺灣，直到十九世紀仍保留最原始的森林美景，相對於當時已有數千年文明和人為開發的歐洲和中國大陸，如同一片美麗的處女地，也因此成為歐洲人嚮往的海上「福爾摩沙」！

附註

1. 關於葡萄牙人船長、水手或者是探險家航經臺灣時驚呼「Ilha Formosa」的傳說，按學者翁佳音的考察，指出他們所叫喊的Formosa，不是指臺灣本島。認為該說法是「推論與想像稍多一點」；在現存文獻中，無法找到直接的紀錄。

2. 葡萄牙人一五四三年意外到達日本，當時中國明朝嚴禁與日本通商，於是葡萄牙人成為中、日貿易的中介者。葡萄牙人致力在中國取得貿易據點，一五一七年領有澳門，隨後被中國取回；一五五三年再度領有澳門。原因有三種說法：其一、以借地晾晒水漬貢物為由，請求在澳門上岸而獲准；其二、澳門海盜很多，廣東官員讓葡萄牙人居住，但要他們剿滅海盜；其三、明朝本身也需要對外貿易，因澳門只是偏僻小島，讓葡萄牙人在此進行貿易，無關大局。

3. 一五九六年《東印度水路誌》出版，分為〈航海記〉、〈水陸誌〉、〈見聞〉。作者林斯豪登是荷蘭人，在葡萄牙亞洲總部印度果亞市(Goa)擔任機要祕書，熟西、葡語言。他利用公餘時間，大量閱讀與翻譯西、葡已出版的各種公司航海紀錄、遊記、風土見聞等文字資料。

4. 一六三六年（明崇禎九年）陳祖綬所繪的〈皇明大一統總圖〉中，臺灣就被繪成北為雞籠、澹（淡）水，中為北港，下連澎湖的上下相接的三島。應該是當時漳、泉漁民經過臺灣，因沒有登陸，只在海上目測，將濁水溪、高屏溪寬大的出海口誤認為海峽，因而認為臺灣是由三個島組成。

5. 耶穌會士衛匡國(Martino Martini)在一六五六年出版的《中國新圖》書中指出，是西班牙為臺灣命名為「福爾摩沙」。翁佳音教授說，一五八〇年代的西班牙人較確切地以福爾摩沙來指稱臺灣。根據十六世紀後期文獻，西班牙人稱臺灣為艾爾摩沙（IsLa Hermosa，為Formosa的西班牙文拼法），位於菲律賓群島的呂宋島北方約七百公里處，是菲律賓群島的一部分，屬於西班牙王室所管轄。

6. 十六世紀以來，中國確立了銀本位的貨幣系統，當全世界都渴求中國絲綢時，中國卻需要大量的白銀，因此成了全球市場的「白銀黑洞」。

7. 十七世紀初，歐洲開始有活字印刷的週報發行，且蓬勃發展，當重要事件如戰爭、媾和的消息傳到時，也會發行如同快報的散頁型刊物。

8. 《荷蘭信使》是由荷蘭著名報人卡斯泰蘭(Pieter Casteleijn)所出版，為至今仍然營運的《哈倫日報》前身。《荷蘭信使》將週報中已塵埃落定的消息，做出總整理，而編成年刊。刊登福爾摩沙失陷消息的年刊，即整理一六六二年已確認的消息，在一六六三年出版。當時只有剛興起的商人階級負擔得起報刊這種新興的「情報」消費。

9. 如：《荷蘭出使中國記》（一六六五年）、《中國圖誌》（一六六七年）、《東印度旅行短記》（一六六九年）等。

10. 一六七五年揆一的家族用盡手段，獲得荷蘭親王威廉三世(William Ⅲ)特赦，才得以歸國，且要求揆一不得再過問任何與荷蘭東印度公司有關的事務。揆一獲特赦回到荷蘭之前，署名「C.E.S.」所著的《被遺誤的福爾摩沙》出版。一般認為是揆一及其隨員所寫，出書當時，必然讓不少荷蘭東印度公司官員為之跳腳。

大事記

- 1543 ■葡萄牙人抵達日本
- 1553 ■葡萄牙人占領澳門，在日本和澳門往返途中發現臺灣
- 1554 ■葡萄牙人手繪世界地圖中，臺灣的形狀像變形蟲
- 1580s ■西班牙人稱臺灣為「福爾摩沙」
- 1596 ■《東印度水路誌》將臺灣畫成三個方形島
- 1597 ■西班牙人繪製的「呂宋島、福爾摩沙及中國的部分沿海岸」將臺灣畫成一個長方形島
- 1619 ■西班牙道明會士馬丁略指出，臺灣的戰略地位可與澳門匹敵
- 1624 ■荷蘭人占領臺灣臺南
- 1626 ■西班牙人占領臺灣基隆
- 1627 ■西班牙人到臺灣花蓮淘金，遭到原住民殺害
  德國牧師康第紐斯到臺灣臺南傳教
- 1636 ■明朝人將臺灣畫成上下相連的三個島
- 1642 ■西班牙人撤離臺灣
- 1662 ■鄭成功趕走荷蘭人
- 1720 ■耶穌會《書簡集》裡，將臺灣畫成長條形的島，只繪出西半部地形
- 1735 ■法國神父杜赫德編纂的《中國全誌》裡，臺灣同樣只出現西半部地圖
- 1860 ■淡水、基隆、安平（臺南）、高雄開港，西方人得以方便目睹臺灣真面目

2

荷蘭人為什麼來臺灣？

你以為：一六二四年，荷蘭人積極且主動地占領臺灣
事實是：荷蘭人來臺灣，是明朝官商勾結的分配結果

一六二四年是臺灣歷史上很關鍵的一年，這一年，荷蘭人來到臺灣（圖1），開始長達三十八年的統治。多數人以為荷蘭人是積極主動地占領臺灣，其實他們原本計畫進占澳門、澎湖，沒能成功之後，才不得不選擇來到臺灣。

這要從荷蘭人在歐洲崛起說起：信奉基督教的荷蘭本來受西班牙天主教高壓統治，一五八一年脫離西班牙，但和西班牙持續戰爭，直到一六四八年，才算正式獨立，亦即荷蘭人占領臺灣時，荷蘭仍未正式獨立。

荷蘭人很早開始利用風車做為伐木的動力，使用北歐的硬木建造船隻。十六世紀時，

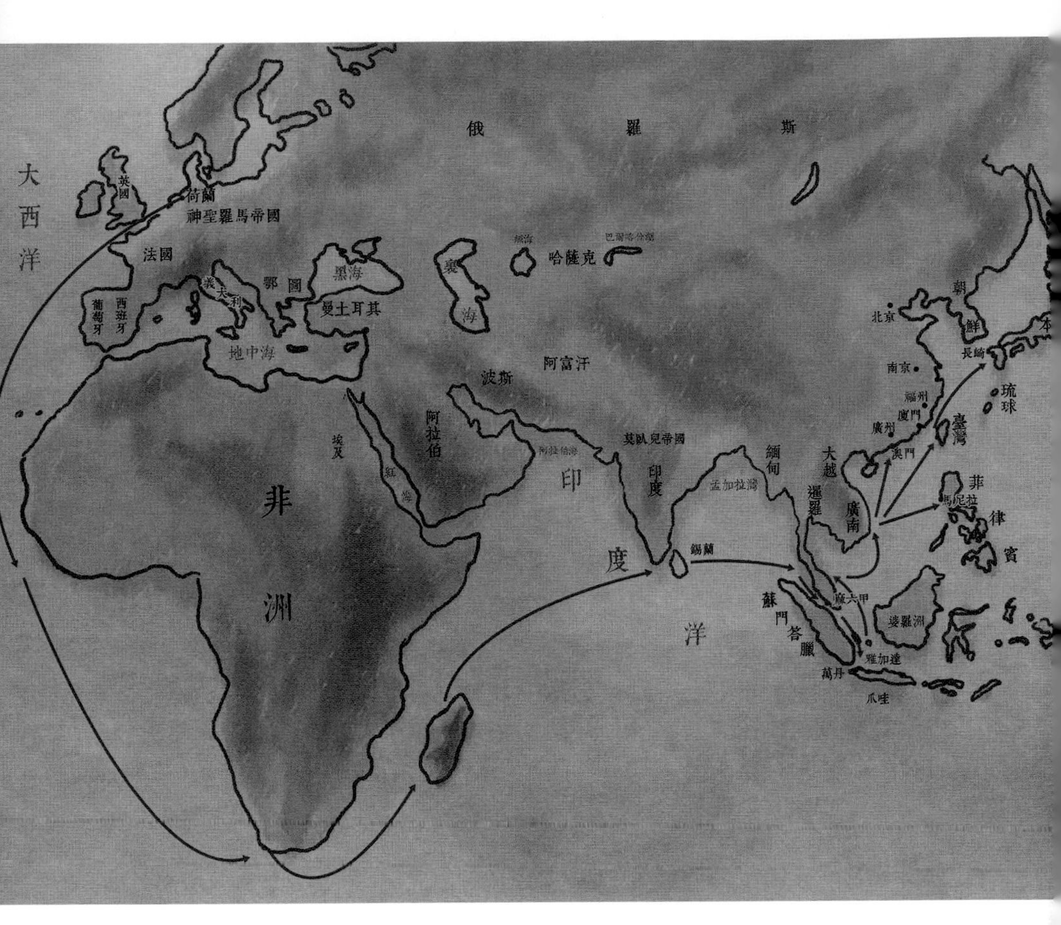

已是歐洲貿易發達的地區之一。

到十六世紀末，荷蘭的阿姆斯特丹取代德國的漢堡，成為亞洲香料、胡椒及蔗糖在北歐的集散中心，加上阿姆斯特丹包容不同宗教信仰，因此吸引了大批猶太人及其資本，而成為金融、信貸中心，奠定日後集資組成船隊的基礎。到十七世紀時，荷蘭的船隊已遠征世界各國做生意。

那時，歐洲國家由貧窮通往富裕的鑰匙，就

圖1 荷蘭人東來路線圖

是擁有香料、胡椒、蔗糖、絲綢、瓷器等亞洲貨品。本來荷蘭為了東印度群島（今印尼各群島）的香料，總共成立二十幾家公司，但各家公司之間削價競爭，壓縮了獲利空間。

當時信仰天主教的西班牙與葡萄牙，與信仰基督教的荷蘭處於敵對狀態。為了與西、葡抗衡，荷蘭「國家會議」同意結合這二十幾家公司，一六〇二年以股份有限公司形態成立了「荷蘭東印度公司」，壟斷東印度地區的香料貨源，透過香料貿易，荷蘭的財富不斷累積，因而進入富裕國家之林（圖2）。

同樣為了香料生意，荷蘭東印度公司成立的兩年前，英國就已成立了「英國東印度公司」。

東印度究竟是指哪裡？十五世紀末，哥倫布到達美洲加勒比海，以為到了印度；幾年後，葡萄牙航海家達伽馬(Vasco da Gama)到了真正的印度，仍將錯就錯地稱加勒比海地區為「西印度」，而把印度及其以東地區稱為「東印度」。後來隨著歐洲人逐漸瞭解亞洲，已改稱為「東亞」或「遠東」。

十七世紀時，歐洲市場大量需求中國的生絲和瓷器，貿易獲利很可觀，荷蘭人想盡辦法要和中國建立聯繫管道。

荷蘭東印度公司成立前的一六〇一年，荷蘭人范聶克(Jacob van Neck)率領兩艘船抵達澳門，中國派駐澳門的「稅使」李道雖然召他進城住了一個月，仍不允許荷蘭人來中國通商，

圖2　荷蘭東印度公司的船艦

荷蘭東印度公司是荷蘭聯合東印度公司(Verenigde Oostindische Compagnie)的俗稱，或簡稱「VOC」。具有準國家的地位，可以發行貨幣，擁有武力，並進行殖民統治。（中研院臺灣史研究所翁佳音教授提供）

圖3 「沈有容諭退紅毛番韋麻郎等」紀念石碑
此碑於一九一九年被發現，為臺灣現存年代最早的石碑，目前保存於澎湖縣馬公市天后宮。（藍啟瑞先生提供）

加上葡萄牙人從中作梗，范聶克只好率船離去[1]。

三年後，荷蘭東印度公司為打開對中國的貿易之路，派遣司令官韋麻郎 (Wybrandt van Waerwijck) 率領十五艘艦隊，從馬來西亞半島上的一個土邦出發，計畫先到澳門，再轉往澎湖，沒想到航行一個多月後遇到颱風，被迫停在澎湖[2]。

更早到達中國的葡萄牙人百般阻撓荷蘭人，他們花大錢、派人散布謠言，使得韋麻郎無法和福建官員當面協商，當年底就被迫離開澎湖（圖3）；但韋麻郎在澎湖期間，即已聘請中國水手導航，沿著中國海岸、島嶼間航行，並一一記錄航線及繪製地圖，且開始探勘大員（今臺南安平），但沒有發現良港。

韋麻郎被迫離開澎湖八年後的一六一二年，高等商務員科恩 (Jan Pieterszoon Coen) 率領兩艘船抵達萬丹（Banten，印尼爪哇島最西端的貿易重鎮）後，繼續前往雅加達，後來科恩成為荷蘭在萬丹與雅加達的商館館長。

科恩具有旺盛企圖心和戰略宏圖，他向董事會提出一份要將整個東印度地區納入荷蘭統治的新藍圖[3]。到印尼七年後，他被升任為荷蘭東印度公司總督，將雅加達定名為「巴達維亞」[4]，做為公司在亞洲的總部。對荷蘭人來到臺灣，他任內的決策頗具關鍵性因素。

為了要開發巴達維亞，科恩從非洲東岸、印度半島與錫蘭（今斯里蘭卡）運來了大量奴工；但是他更屬意中國勞力，認為「沒有人能比中國人更好地為我們服務」。一方面是因需要勞力，另一方面是荷蘭東印度公司董事會一再要求他打開對中國的貿易。要獲得中國生絲，最理想的地點就是與廣東省接壤的澳門，於是他決定占領澳門。

為了對付占領澳門的葡萄牙人與馬尼拉的西班牙人。科恩和英國合作，各派五艘船，以日本平戶為基地，在臺灣海峽與菲律賓之間巡行，以阻止西、葡的船隻前往日本貿易，也阻擋中國船隻前往馬尼拉經商。

於是馬尼拉的西班牙人主張在臺灣設立基地，以便突破荷蘭和英國的海上阻攔，和中國進行貿易。

科恩得到消息後，為了避免讓西班牙人在對中國貿易上先馳得點，很快命令雷爾生(Cornelis Reijersen)組成艦隊，攻占澳門或澎湖，並先到臺灣尋找良港。

雷爾生按照科恩的計畫，進攻澳門失敗後，就直接駛往澎湖馬公，並占領澎湖[5]；同時找了一名熟悉大員情況的漁民當嚮導，實地勘察後卻發現港口不適合大船進入，只好放棄在臺灣尋求良港。雖然荷蘭人這次沒有在臺灣停留，卻間接影響了日後留在臺灣的決定。

福建巡撫商周祚聽到荷蘭人占領澎湖，立即要求他們撤出，建議荷蘭人改到臺灣淡水，還願意提供引航人員，但雷爾生仍表示要固守澎湖。

當時荷蘭人比較臺灣和澎湖，除了澎湖的港口更適合讓船貨轉運或停泊的因素之外，對於由巴達維亞、暹羅（今泰國）出航往來臺灣與日本的荷蘭海船來說，澎湖更是重要的中繼站；再者，澎湖距離中國較近，可以阻截馬尼拉的西班牙人、澳門的葡萄牙人與中國、日本間往來的商船。就商業據點的選擇而言，荷蘭人認為臺灣不如澎湖理想[6]。

於是，雷爾生開始在澎湖風櫃尾築城做為根據地（圖4、5）。以荷蘭人當時對澎湖地理位置的認識，卻選擇了海風非常強勁的風櫃尾，至今仍令人疑惑，因為風櫃尾雖然地勢可以扼守出入馬公灣的船隻，卻不適合大船避風與貨物裝卸。可能荷蘭人真正屬意的還是到中國沿海找尋通商據點，澎湖只是短暫停留之處；而且在商言商，荷蘭人採取不捲入當地社會的立場，另一岸的媽祖廟附近為漢人居住、中國官員活動之處，因此據守風櫃尾應是不得已而做的選擇（圖6）。

荷蘭的城堡建築得很「克難」，巴達維亞命令不要蓋得太大，以免造成公司財務負擔；而且巴達維亞對供應磚石、石灰等建材，態度非常消極，因此大部分建材都是就地取材——

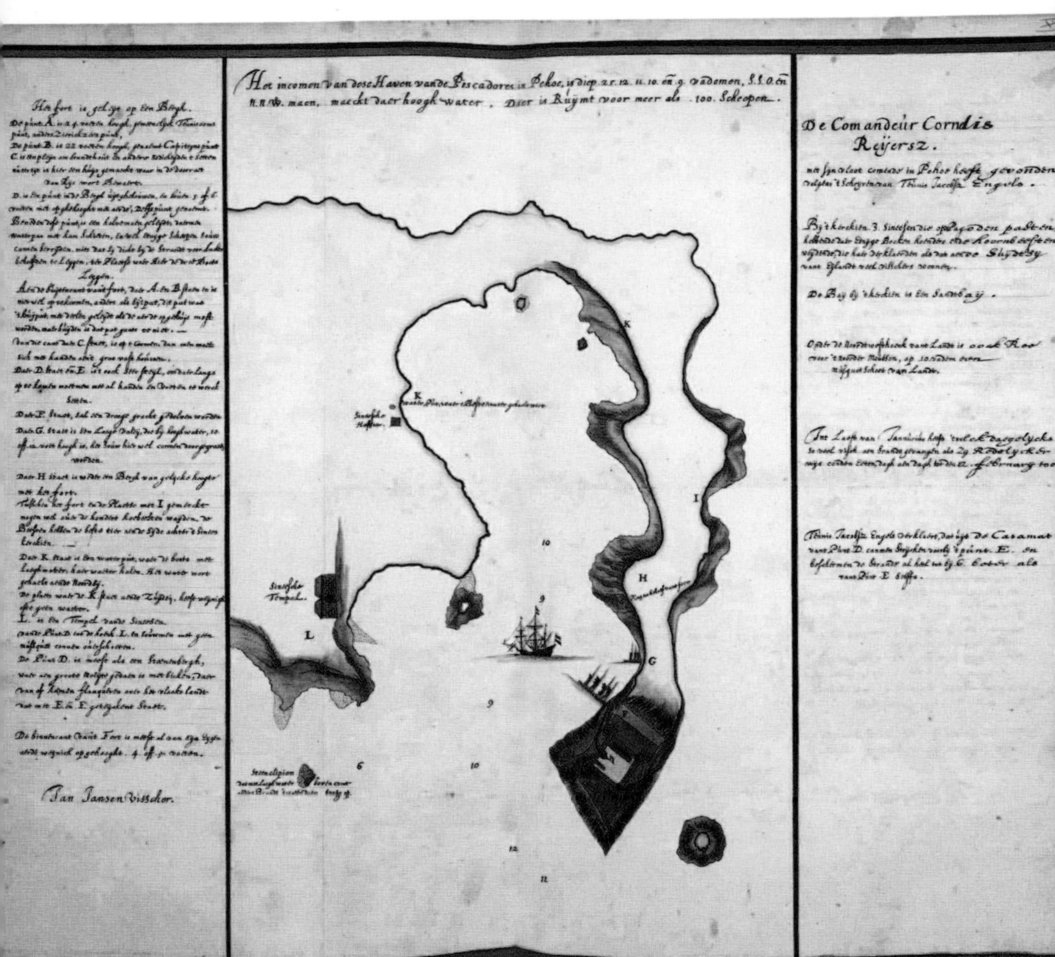

圖4 荷蘭人繪製的澎湖風櫃尾圖

依據一六二三年所繪「澎湖港口圖」及史料記載，荷蘭城堡平面呈正方形，長、寬各約五十五公尺，城牆高約七公尺，其四角正對著東、南、西、北四個方位。城堡每一角上各有外凸的棱堡，其上共安置了二十九門大砲。（中研院臺灣史研究所翁佳音教授提供）

澎湖

圖6　風櫃尾

左邊凸出去的部分是荷蘭人建造城堡的所在位置，正中小路靠海小石碑處是荷蘭船靠岸、人員登陸之地。對岸即馬公市中心。翁佳音教授認為荷蘭人在澎湖選擇的築城地點，與來臺灣後選擇建造熱蘭遮城（今安平古堡）的地點，有同樣的思維模式。

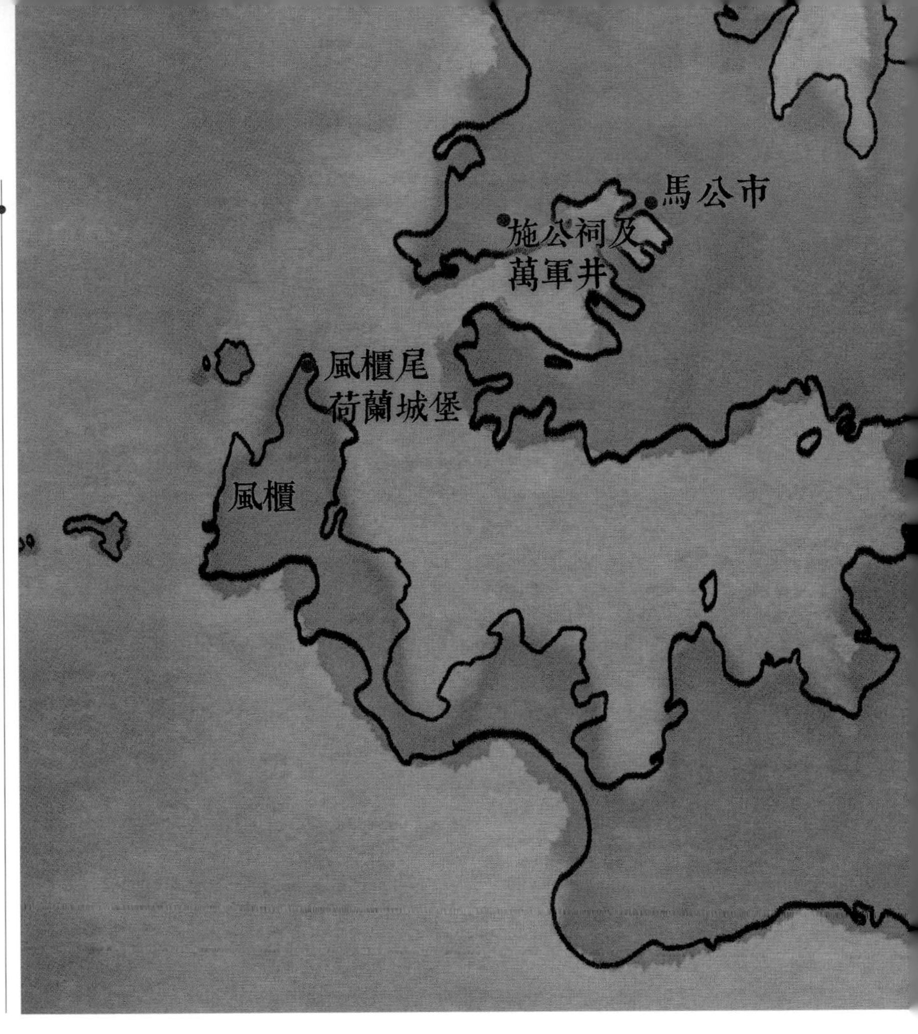

圖5 風櫃尾位置圖

圖7　荷蘭風櫃尾城堡遺址
澎湖縣政府為保存此遺址，陳報內政部於二〇〇一年十一月二十一日公告為國定古蹟，並由澎湖縣政府與荷蘭政府共同出資整修。此四座碑即分別為中、英、荷文的說明，前面那座則標出東、西、南、北的方位。

挖掘現場土石堆成，再用草皮黏固。雖然有些部分是敲鑿山上的岩石而成，但整體結構仍相當脆弱；加上澎湖多風雨，城牆經常倒塌，不斷填土、用木板固定，仍然無濟於事。這座位於風櫃尾的「紅毛城」規模可以說相當簡陋（圖7）。

澎湖除了漁產之外，沒有生產製造日用品，荷蘭人只好在廈門附近海岸尋找補給和貿易機會，甚至搶劫中國船隻或登陸打劫村莊。

雷爾生到澎湖，畢竟不是來打家劫舍的，於是到福州見巡撫商周祚希望進行貿易，商周祚卻要求荷蘭人先離開澎湖，才能與中國進行貿易；雷爾生表示沒有權力決定撤離澎湖，更要求中國船隻不可以到馬尼拉與西班牙人貿易。最後雙方約定，由中國派人到巴達維亞與荷蘭東印度公司總督交涉，但是談判還沒開始，福建、澎湖已經開打了。

新任福建巡撫南居益一上任就下令沿海實施戒嚴，要趕走荷蘭人。此時，荷蘭由法蘭斯尊（Christian Franszoon）率領五艘船來到澎湖增援，並占領福建漳州河，不讓中國帆船前往馬尼拉，南居益設計將法蘭斯尊的艦隊引到廈門鼓浪嶼，邀他上岸簽定協議，半夜卻以火船攻擊荷蘭船，殺死八個荷蘭人，法蘭斯尊等人被押到北京處死。

接著南居益發動第二次進軍，雷爾生仍不願撤出澎湖；第三次進軍時，便以火砲包圍荷蘭人。雷爾生只好請示巴達維亞要求撤出澎湖，並多次請辭，荷蘭東印度公司於是派宋克（Martinus Sonck）前來接替，宋克到達澎湖時，明朝官兵很快從四千人增加到一萬人，船隻由一百五十艘增為兩百艘；荷蘭官兵不到一千人，其中有一百多人是少年。宋克要求進行和平談判，但是明軍已準備兵分三路進攻荷軍，眼看一場戰爭即將爆發，這時，關鍵性人物李旦神奇地出現了……

李旦是當時最大的貿易走私業者，抵達澎湖後，先和荷蘭人商定談判條件，再與福建總兵俞咨皋談判，他提出「荷蘭人從澎湖撤走，但福建當局應該允許荷蘭人到臺灣貿易」的意見。當時澎湖屬於中國領土，臺灣還是化外之地，不是福建官員的責任區，因此福建官員很快同意了這個方案，和荷蘭簽訂《明荷議和》，內容是荷蘭退出澎湖後，可以占領臺灣，明朝官方沒有異議；荷蘭人可以到中國通商，中國商船也可以到臺灣、爪哇與荷蘭人交易。

這個戲劇性轉折看似經過荷蘭人與明朝正式協議，其實根本沒有經過明朝廷的認可，而是福建地方官員為了盡快讓荷蘭人離開澎湖，找李旦說服荷蘭人到臺灣，因此有人將李旦稱為「左右臺灣命運的商業鉅子」。

為什麼李旦一出面斡旋，整個局勢就快速地改變？

李旦是泉州人，洋名為 Andrea Dittis，是住在日本平戶的大海商，他在歐洲世界的知名度，比在華人世界更高。西方人稱李旦為「中國甲必丹」[7]，是船長、司令官或首領的意思，他也算是日本僑界的領袖。

李旦與荷蘭人早在日本就建立了商務關係，在臺灣、日本、福建的三角貿易中，也是一方之霸。之前福建總兵俞咨皋即曾透過李旦的影響力，不讓日本商人與中國海商到澎湖和荷蘭人做生意，使荷蘭人孤立無援；這次更透過李旦讓荷蘭人撤出澎湖到臺灣去。現在回頭看，荷蘭人占領臺灣，福建地方官應負起直接責任。

李旦介入談判時，向荷蘭人分析情勢，建議荷蘭人據守臺南安平港，因為雞籠和淡水不是優良的船泊停靠地，且附近番人很凶惡，雖然有金礦，但中國人不會說出金礦的產地。他的話影響荷蘭人選擇到臺灣南部，也是臺灣歷史從南向北發展的原因。

李旦之所以積極協調，力促荷蘭人放棄澎湖，帶有私人利益的因素。他屬於漳泉海商，

圖8 十六、十七世紀的漢人海商
按翁佳音教授的研究，十六世紀以來，海盜與地方官、海商之間利害關係盤根錯節、互為應援，仍不脱與地方府縣財政稅收、地方勢力經濟利益相互掛勾有關。（中研院臺灣史研究所翁佳音教授提供）

菲律賓是其主要貿易地區，荷蘭人占據澎湖之後，堅持「不准中國商船到馬尼拉」條款，使他在臺灣、日本、福建的三角貿易受到影響，若能讓荷蘭人放棄這個條件，最大受益者正是李旦等海商（圖8）。後來荷蘭人來到臺灣，甚至完全要依賴李旦的仲介，才能取得中國的生絲。

民間海商竟然可以介入國家重大事務，可見明朝地方官商勾結情況之嚴重。但也正因如此巨大的商業利益，官商之間才積極合力地促成荷蘭人在臺灣落腳！荷蘭人與臺灣的關係竟在這種前提下聯結，如今看來不免令人心生感觸。

附註

1.此事件記載於中國史書《粵劍篇》。

2.此事件記載於《明神宗實錄》。荷蘭人韋麻郎為何可以隨意停泊在澎湖，難道澎湖是無人管轄之地嗎？元朝時（一三六〇年，至正二十年）澎湖曾設立巡檢司，隸屬福建省晉江縣；明朝建立後，一三八七年（洪武二十年）加以撤除；一五九七年（萬曆二十五年）增設澎湖游兵，一總四哨，戰船兩艘，兵八百，春冬汛守。也就是說，官兵駐守之期約在四月到六、七月，以及十月到十二月前後，將近半年。韋麻郎登陸可能是在冬天，明軍駐守撤防的空隙；也可能是負責的官兵怠忽職守，因而讓韋麻郎得以自由進入。

3.科恩規劃的藍圖是：先由班達群島開始，占領長滿豆蔻與香料的島嶼，再將觸角伸向出產丁香的摩鹿加群島，及出產胡椒的爪哇與蘇門答臘，最後再奪取亞洲所有的貿易點，包括麻六甲、錫蘭、澳門以及菲律賓。

4.傳說中，巴達維亞(Batavia)人居住在尼德蘭地區，曾反抗過羅馬帝國，並把羅馬人趕走，「巴達維亞人」象徵英勇、道德與愛好和平。到了十六世紀及十七世紀荷蘭的「黃金時代」，這個傳說成為荷蘭人文化身分認同的標誌。荷蘭人將雅加達命名為「巴達維亞」，希望在東印度地區建立荷蘭人的海外國度。

5.雷爾生所率艦隊進入澎湖時，是在一六二二年（明天啟二年）七月十日，正是明朝駐守撤防之際。

6.翁佳音教授強調，一般以為在荷、鄭時代以前，澎湖只是荒涼的海盜淵藪之地，其實是誤解。近代初期東亞交易往來圈的脈絡中，不能忽略其在荷蘭時代是重要的轉運站。

7.甲必丹(Captain)是由葡萄牙語Capitão（艦長）而來。

今昔地名對照	
西印度	今加勒比海地區
東印度	今印度及其以東地區，現改稱為「東亞」或「遠東」
東印度群島	今印尼各群島
香料群島	摩鹿加群島
巴達維亞	今印尼首都雅加達
暹羅	今泰國
錫蘭	今斯里蘭卡

大事記

1581 ■荷蘭脫離西班牙，但至一六四八年才真正獨立

1600 ■英國東印度公司成立

1601 ■荷蘭人范聶克到中國澳門，中國史書上第一次出現「紅毛人」

1602 ■荷蘭東印度公司成立

1604 ■荷蘭人韋麻郎到中國和澎湖，並開始探勘臺南安平港

1612 ■科恩抵達印尼，一六一九年升任為荷蘭東印度公司總督

1622 ■荷蘭人占領澎湖，雷爾生在風櫃尾建城堡

1623 ■福建巡撫南居益誘殺荷蘭人法蘭斯尊

1624 ■明、荷爆發澎湖之戰，李旦介入議和；荷蘭人放棄澎湖，轉而占領臺灣

1648 ■荷蘭正式獨立建國

3 荷蘭人在臺灣做什麼生意？

你以為：直到國民政府來臺，始有出口擴張和轉口貿易政策

事實是：荷蘭時期，臺灣的出口和轉口貿易在全球經濟網中就占有重要地位

荷蘭人占領臺灣之後，建造了熱蘭遮城（今安平古堡）（圖1、2、3），開始試著直接對中國貿易，沒想到這個目標始終無法達成，只能仰賴漢人海商從中國將貨品運來臺灣，再轉賣到其他地方。當時真正操縱對中國貿易的是在海上亦商亦盜的漢人海商，先是李旦，接著是鄭芝龍（圖4）。

一六二五年，荷蘭人來臺灣約一年後，李旦回到日本平戶，不久後過世了，各大海商開始明爭暗鬥，原本被李旦安排擔任荷蘭人翻譯的鄭芝龍[1]，很快結合其他海商殺死李旦的接班人許心素。荷蘭人為了讓生絲供貨不致斷絕，立刻與鄭芝龍簽下三年貿易契約；但為

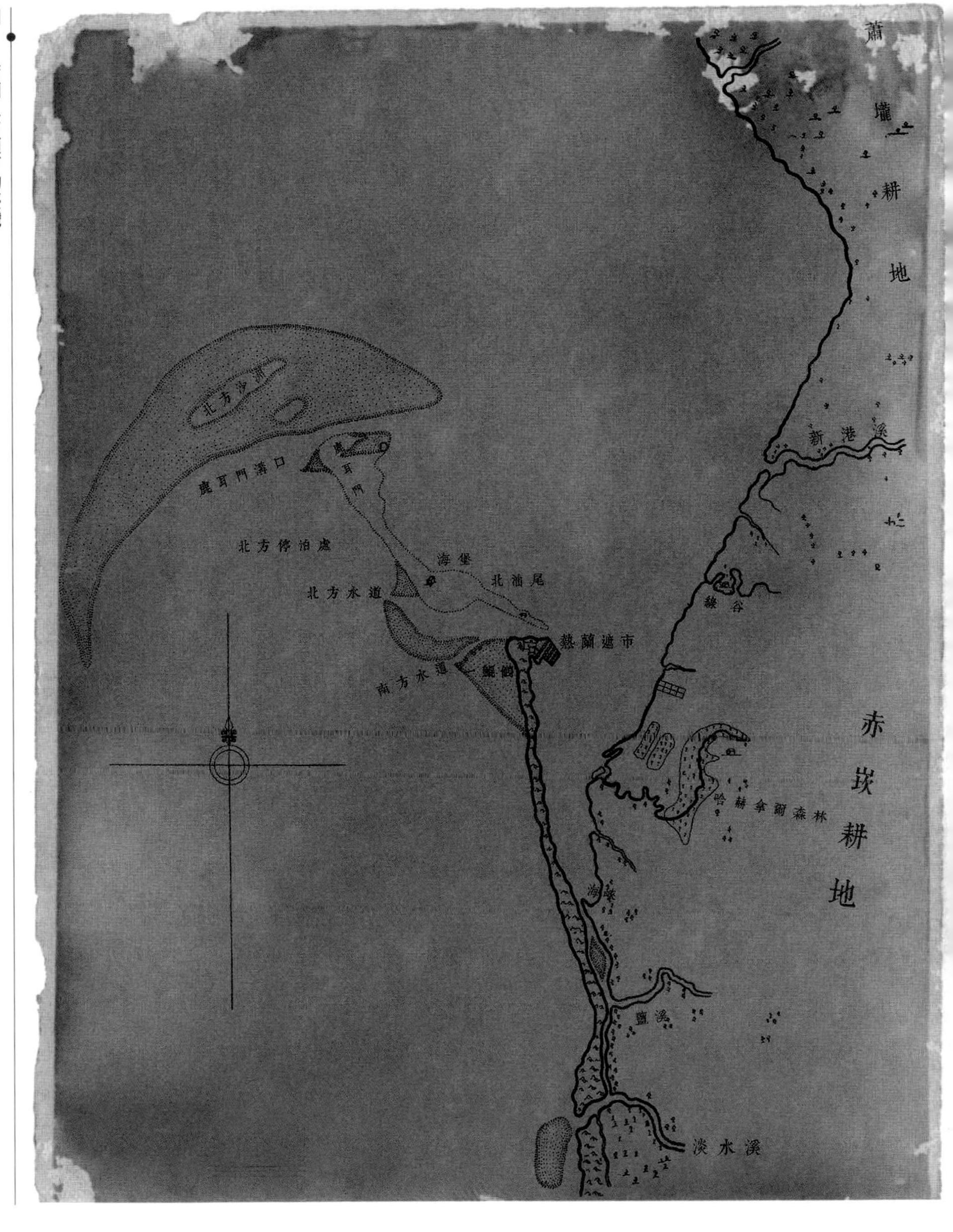

圖1 荷蘭人占領下的臺灣

此圖上之熱蘭遮市（大員），其左端即為熱蘭遮城。此城堡的建造位置與在澎湖所建的城堡位置有異曲同工之妙。

圖2　熱蘭遮城殘蹟

熱蘭遮城原名奧尼倫城，一六二四年建成，先用砂土及木板建造。一六二七年改名為熱蘭遮城，逐步改為磚石構造，一六三二年建造完成，為初期的臺灣城。廣兩百七十七丈，高三丈餘，共分三層，由內外廓組成。

圖3　安平古堡

鄭成功來臺後將熱蘭遮城改名為「安平鎮城」，鄭氏三代都住在這裡，故又叫「王城」。清朝治臺後，城堡改為軍裝局，但逐漸荒廢。日治時期城垣被剷平（僅存圖 2 的殘蹟），改建為日式海關宿舍，後來屢次修建，成為現今的紀念館。一九四五年臺灣光復後，國民政府又改名為「安平古堡」。

圖 4　日本人所繪的鄭芝龍圖像
（中研院臺灣史研究所翁佳音教授提供）

了安全起見，荷蘭人也和另一個海商李魁奇簽約，後來李魁奇無法供貨，荷蘭人只好放棄與他合作。

鄭芝龍占上風之後，明朝官員就招撫他，給予「海防守備」官銜，兩年間升任「撫夷游擊」，最後升到總督[2]。一六三〇年二月，荷蘭人也趕緊和鄭芝龍締結商業與武力的合作約定，並聯手消滅了李魁奇等海商；但荷蘭人又不想完全受制於鄭芝龍，於是和其他海商聯合對抗他，卻在金門料羅灣被打敗，只好談和，從此在臺灣貿易的興衰都得仰賴鄭芝龍。

荷蘭人占領臺灣十一年後，鄭芝龍擊敗了最後一位海商劉香，整個大陸沿海的制海權完全落入他手中。鄭芝龍同時幫荷蘭人襲擊前往馬尼拉貿易的中國商船，打擊在馬尼拉的西班牙人，藉此壯大自己的勢力[3]。

荷蘭人來臺灣的目的就是做生意，有了中國

圖5 濱田彌兵衛事件

一六二六年至一六二八年，荷、日雙方因生絲抽稅問題而產生的經濟、外交衝突事件。圖中所描繪的情景是諾伊次坐於椅中，遭濱田彌兵衛及其手下挾持，門外荷蘭士兵倉皇中搭救不及。（國立臺灣博物館提供）

圖6 古堡石碑

此石碑上原刻「贈從五位濱田彌兵衛武勇之址」，是一九四一年在安平居住的日本人所立。臺灣光復後，臺南市政府將其前後碑文刮掉，於原碑上改刻「安平古堡」四字。

海商供應商品，荷蘭人更積極擴展國際貿易網。荷蘭人早於一六〇九年即在日本平戶建立商館，但在占領臺灣之後，荷蘭和日本為了貿易利益問題，反而不時發生衝突，後來甚至發生「濱田彌兵衛事件」（圖5、6），導致兩國貿易關係中斷長達五年。

事件開端發生在一六二六年，日本人濱田彌兵衛發現日本與中國的生絲價差很大，他說服長崎大商人野藤次郎投資，直接向中國購買生絲，再經由臺灣轉運到日本，想賺取暴利。濱田彌兵衛先帶著現款到泉州買進二萬斤生絲，接著來到臺灣，打算向荷蘭人雇用帆船到泉州取貨，卻被臺灣長官韋特（Gerard F. de Witt）拒絕；荷蘭人甚至要他付一成稅金，雙方因而起了衝突。荷蘭東印度公司為了改善關係，隔年召回韋特，並派遣接任的臺灣長官諾伊次（Pieter Nuyts）到日本談判，但沒有成功[4]。

諾伊次從日本回到臺灣後，濱田彌兵衛帶了四百多人再次來到臺灣，甚至載運大批武器彈藥，這些武裝被諾伊次沒收，濱田和隨員也被留置在臺灣。

濱田彌兵衛到諾伊次官邸請願要回日本，諾伊次不准。爭辯中，濱田彌兵衛等人突然一擁而上，挾持諾伊次，並揮刀恐嚇荷蘭士兵，之後雙方經數次交涉才達成議和。這事件讓日本人覺得受到屈辱，於是在一六二八年關閉了荷蘭在平戶的商館；等到五年後，荷蘭人將原本監禁在巴達維亞的諾伊次送到平戶，日本才宣布恢復貿易。

一六三四年，荷蘭重開在日本平戶的商館，次年德川幕府開始第三次鎖國令[5]，禁止日本商人出國，隨後又禁止信仰天主教的葡萄牙船駛往日本，只有信仰基督教的荷蘭船與中國船可以到日本貿易。這時，荷蘭人終於確立了在日本的貿易地位，同時在中南半島、印度洋各地的貿易也大有進展，臺灣於是成為荷蘭國際貿易網路的重要據點。

荷蘭重新對日貿易後，需要更多中國貨物。鄭芝龍起初對荷蘭人還算尊重，他被明朝任命為福州總督後，甚至取締海商（盜），然後自己供應中國商品給在臺灣的荷蘭人[6]。

一六三三年至一六四〇年的七、八年時間，臺灣的荷蘭人順利從中國來的船隻取得絲和各種商品，再賣到日本，其中，絲占了八成以上，甚至高達九成。這模式最符合荷蘭東印度公司最初對臺灣的計畫——在接近中國的地方，由海商供應中國產品以換取日本白銀。

但是好光景很快就變調了……

先是在臺灣的荷蘭人資金調度趕不上貿易擴展的速度，時常要等巴達維亞當局或從日本商館調度資金，因船期時間較長，資金出現了缺口。鄭芝龍眼見荷蘭人資金不夠，一六四〇年起直接和日本貿易[7]，他甚至將荷蘭人在中國高價訂購的絲織品直接運到日本，而不經臺灣轉運，使荷蘭人無法居中賺一手。如此一來，荷蘭人最為重視的生絲貿易被切斷了，卻不敢正面和鄭芝龍進行武力對決。

一六四四年清兵入關，兩年後，鄭芝龍投降清朝，卻被挾持到北京，荷蘭人以為從此可以鬆口氣。沒想到，鄭芝龍的兒子鄭成功快速整合鄭家勢力，以金門和廈門為基地，控

圖7 鄭成功時代的臺灣船
（中研院臺灣史研究所翁佳音教授提供）

制著臺灣海峽兩岸貿易[8]，並活躍於東南亞海域（圖7）。

絲綢貿易量急速萎縮，具有商業靈敏度的荷蘭人很快找到黃金做為另一個轉運商品。從鄭芝龍和日本直接貿易那一年開始，長達二十二年時間，荷蘭人將臺灣做為金銀的轉運中心。

尋找黃金本來就是歐洲人航行世界的一大夢想。十七世紀的荷蘭水手間流傳著「金銀島」傳說：有一艘航向中國以東海洋的船，遭遇巨大的暴風雨，船隻主桅斷裂，風暴過後，他們看到遠方有一座高大的島嶼，於是將船駛到島上修理。在島上，形貌姣好的島民和善地接待這些船員，並協助他們修理船隻。船員們意外地發現，島上道路兩旁隨處可撿到黃金與白銀，居民用的餐具也是以金銀製成的。

西班牙在南美洲殖民地獲得許多黃金和白銀，荷蘭人來到亞洲之後，兩度派船隊尋找這個遍地黃金與白銀的島嶼，都宣告失敗。雖然沒有找到金銀島，臺灣卻讓荷蘭人做了一場更大的黃金夢！

當時中國以白銀作為貨幣，以黃金製造飾品，因此金、銀的相對價值比鄰近國家低，四、五兩白銀就能換到一兩黃金；但在日本與大部分亞洲地區，經常要十兩以上白銀才能換到一兩黃金，因此以日本白銀到中國交換黃金十分有利可圖。

那時世界貿易的貨品中，更有價值的是東南亞的胡椒、丁香與豆蔻等香料。香料供應者不接受金、銀或其他貨幣，只接受印度棉布；於是荷蘭人用日本白銀和中國黃金購買印度棉布，用印度棉布交換東南亞香料，再把香料運回歐洲販賣，或把中國的黃金直接賣給日本人賺取差價。荷蘭人也提供高價吸引中國海商攜帶黃金，到臺灣和他們交換日本白銀。

荷蘭人將西班牙人趕走後，為尋找臺灣的黃金，開始組織金礦產地探險遠征隊，進入了西班牙人傳說中的黃金產地——花蓮立霧溪口。後來發現只是溪流沙金，而不是金礦，才停止尋金計畫，這次經驗提醒了荷蘭人：「中國和日本的貿易才是荷蘭東印度公司真正的金礦和銀礦。」

除了生絲、絲織品、黃金、白銀，荷蘭人還透過臺灣轉運瓷器。荷蘭東印度公司成立後八十年間，平均每年運到荷蘭的中國瓷器多達二十萬件。荷蘭人經由臺灣轉運中國瓷器，一段時間後，更開始訂製特殊式樣，先在臺灣做木製模型，再送往中國景德鎮等地作為訂貨參考。

荷蘭人來臺灣第十四年，熱蘭遮城商館中庫存了年平均出口量四・五倍的中國瓷器；隔年，由臺灣運往荷蘭的精製瓷器迅速成長到年平均出口量二・四倍，可見中國瓷器在荷蘭東印度公司轉口貿易的重要性。

轉運商品之外，荷蘭人也發現臺灣本土梅花鹿的鹿皮是很有賺頭的商品[9]：鹿肉乾可銷往中國，鹿皮則賣到日本，作為日本武士刀鞘的裝飾材料。

一六三〇年，荷蘭人開始實施「狩獵執照制度」，發給漢人捕鹿執照，並收購捕獲的鹿，更能確實掌控捕鹿的利潤，但也逐漸將原住民從捕鹿的經濟活動（圖8）推擠出來。

執照制度實施六年後，漢人進入了原先由原住民控制的獵場；之後，荷蘭東印度公司又花了將近十年，征服最大的鹿場虎尾壠（**Favorlang**，今雲林一帶），驅逐住在原住民村莊裡私自捕鹿的漢人，只允許擁有捕鹿執照的漢人進入，全面控制臺灣的捕鹿經濟活動[10]。

漢人引進大規模獵捕的技術，如掩蔽的陷阱、套索，新技術改變了狩獵方式，出口的鹿皮數量相對增加了許多，使用陷阱後，每年出口鹿皮數增加了五成[11]，也使得臺灣梅花鹿數量從此大量減少。

圖8 臺灣原住民捕鹿圖（秋惠文庫提供）

荷蘭人發現鹿群減少，而且用陷阱捕殺的鹿皮沾滿血跡，不受日本人青睞，於是禁止放設陷阱，也不准在梅花鹿繁殖期捕獵；隨後在荷蘭牧師祐紐斯 (Robertus Junius) 極力勸解下[12]，荷蘭人甚至禁止以任何方式捕鹿，鹿群數量才略有回升。

荷蘭人在臺灣的三十八年期間，靠著生絲、絲織品、白銀、黃金、瓷器的轉口貿易，以及出口鹿皮等臺灣產品，讓臺灣成為荷蘭東印度公司最有賺頭的據點之一，這段歷史讓荷蘭人難以忘懷。難怪不久前，荷蘭前駐臺灣代表胡浩德 (Menno Goedhart) 退休之後，決定留在臺灣，並取得永久居留權，當起「正港」的臺灣人[13]！

附註

1. 按曹永和教授的研究，鄭芝龍雖擔任荷蘭人的通譯，卻未必懂荷蘭語，當時亞洲各地的混合國際語言是葡萄牙語。

2. 當時在福建、廣東沿岸的海商，就是中國朝廷眼中的海寇，明朝廷採取的策略是讓這些海上勢力自行競逐。勝利的被招安為將官，失敗的就再度出海為寇，「官」、「盜」之別僅在一線之間而已。

3. 荷蘭人為了和中國貿易，玩兩面手法，有時學葡萄牙人協助中國討滅海商（盜）；有時卻又與海商（盜）配合，以武力向中國要脅自由貿易。面對海商（盜），荷蘭人買的是雙保險，忽而與鄭芝龍、忽而與李魁奇等人，乃至與劉香等結盟。而鄭芝龍的興起，除了接收李旦的勢力以外，按曹永和教授的解釋，鄭芝龍更暗受荷蘭人指使，襲擊劫掠前往馬尼拉的中國商船，讓他很快成為一支海上勢力。

4. 韋特是臨時性臺灣長官，一六二七年，諾伊次以員外參事被荷蘭派遣到東印度，巴達維亞總督府正愁找不到適任人選，於是決定任命他為臺灣長官，並以特使身分先赴日本溝通。但諾伊次對亞洲和日本的情況一竅不通，不但無法平息荷日之間的貿易衝突，反而引發了「濱田彌兵衛事件」。

5. 鎖國是日本江戶時代德川幕府實行的外交政策。一六三三年頒布第一次鎖國令、一六三四年第二次、一六三五年第三次、一六三六年第四次、一六三九年第五次，一六四一年鎖國制度完成，直到一八五四年美國海軍軍官培里(Matthew Calbraith Perry)率艦叩關為止。鎖國期間日本與外國的貿易關係並非完全中止，而是僅允許特定對象進行，包括與荷蘭人在長崎出島進行貿易，而明朝和清朝在長崎亦有貿易來往。

---

6. 儘管鄭芝龍已經得勢，仍不敢明目張膽與「紅夷」勾結。再者，海上還有其他勢力存在，所以鄭芝龍與荷蘭人之間，都由海商林亨萬居中交涉。林亨萬深得各方信任，可以折衝於荷蘭東印度公司、明朝官員，以及鄭芝龍、各地漢商之間，並在福建、廣東一帶替公司集運所需貨物。一六四〇年十一月二日，他遇到船難，不幸溺斃，鄭芝龍於是擺脫荷蘭東印度公司的轉運網路，直接對日本貿易。

7. 相關紀錄中顯示，一六四一年、一六四三年，到日本的中國船隻約六二%～七九%屬於鄭芝龍，所運貨品中三〇%～八〇%是絲織品。

8. 參見6.鄭成功如何趕走荷蘭人。

9. 第一任臺灣長官宋克在澎湖失敗後，曾派二艘船去探測大員（臺灣）全島，向巴達維亞報告大員的情形：

(1)大員每年可獲得鹿皮二十萬張。

(2)鹿肉乾及魚乾的數量極為可觀。

(3)大員灣中，有中國帆船一百艘，從事漁業捕撈，並登陸收購鹿肉、鹿皮銷往中國。

(4)漢人和原住民間是以物易物的和平往來關係，非對立狀態。

(5)臺灣地廣人稀、氣候溫暖、土地肥沃，一年二至三熟，絕對適合農業生產。建議巴達維亞當局，將原本評估只適合作中、日貿易及盜賊根據地的大員，改為能獲得更大利益的生產殖民地，重新決定長久的殖民政策。

10. 參見5.荷蘭人和原住民。

11. 一六三四年臺灣出口十萬張鹿皮；一六三七年，也就是使用陷阱的最初幾年，就出口了十五萬一千四百張鹿皮，足足增加了五〇%。

12. 祐紐斯牧師是荷蘭東印度公司派來臺灣的第二任牧師（一六二九年至一六四三年）。一六四〇年，漢人不斷請求開放以陷阱獵鹿，他提出應整年停發執照，因為持續獵捕，幾乎所有獵場內的鹿隻數量都大為縮減，他的勸解於一六四一年至一六四二年才奏效。另參見5.荷蘭人和原住民。

13. 胡浩德一九四七年出生於荷蘭海牙，曾派駐巴黎六年。二〇〇二年到臺灣擔任荷蘭貿易暨投資辦事處駐臺代表。二〇一〇年退休，現居臺南市新化區。二〇一一年一月十四日獲得臺灣永久居留權。

大事記

1624 ■荷蘭人占領臺灣

1625 ■李旦過世，鄭芝龍代之而起

1628 ■發生濱田彌兵衛事件，日本中止對荷蘭貿易

1630 ■荷蘭人與鄭芝龍締結商業與武力的合作約定、開始發給漢人捕鹿執照

1633 ■日本開始鎖國（直到一八五四年）；熱蘭遮城改建完成；荷蘭人於金門料羅灣敗於鄭芝龍

1634 ■荷蘭人恢復對日貿易

1635 ■鄭芝龍擊敗劉香，獨霸中國沿海

1636 ■鄭芝龍被明朝任命為福州總督

1640 ■鄭芝龍甩開荷蘭人，直接對日貿易

1642 ■荷蘭人趕走西班牙人，到花蓮尋找黃金

1646 ■鄭芝龍投降滿清

4 漢人移民臺灣

你以為：當年漢人「唐山過臺灣」是情非得已的悲哀
事實是：荷蘭時期，漢人覺得臺灣機會無限，紛紛渡海而來

臺灣俗諺「唐山過臺灣，心肝結歸丸」，形容清朝時期[1]，從中國大陸移民到臺灣的人，內心有種無奈又無法言喻的強烈焦慮。

如果將時間往前推到荷蘭統治時期，當時漢人移民的動機並不悲情，荷蘭人歡迎漢人移民來臺，加上中國沿海不斷有饑荒和戰亂，漢人其實是抱著主動尋找機會的冒險精神渡海而來。

臺灣歷史上，荷蘭人是第一個建立政權的統治者。特別的是，荷蘭人沒有從歐洲招徠移民，反而是把臺灣變成漢人的移民區[2]。

晚明時代，福建幾乎有九成居民靠海營生。每年冬至前後，烏魚（圖1）南下到臺灣西南部海邊產卵時，就有數以百計的福建漁船橫越臺灣海峽，撈捕烏魚，漁季約進行六到八週，於是開始有漢人陸續從福建渡海來臺灣。漁民將烏魚卵鹽漬製成烏魚子（圖2），便能賺取豐厚利潤，是年節時期的名貴食材之一。

除了西南部的漁業以外，臺灣北部長年有漢人商賈以鐵塊和織品，與部分原住民以物易物交換煤塊、硫磺（圖3）、沙金和鹿肉。

這些交易原本只是零星進行，到了十六世紀六〇年代，雖然明朝決定開放部分海禁，但仍禁止與日本做生

圖1 烏魚
每年冬至前後，烏魚南下到臺灣西南部海邊產卵，漁民會開始撈捕作業。甚至可以說，臺灣被發現，烏魚居功厥偉。

圖2 烏魚子
烏魚子鹽漬晒乾後，價值不菲。

圖3　臺北陽明山硫磺谷
硫磺是火藥的主要原料，是臺灣北部重要的礦產之一。

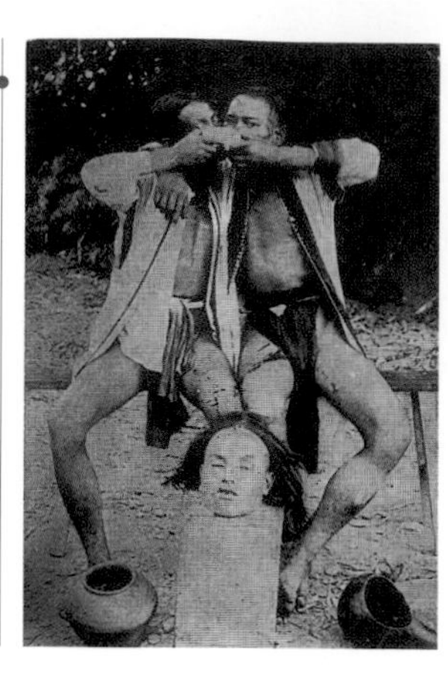

圖4　原住民的獵頭習俗
（中研院臺灣史研究所翁佳音教授提供）

意。這個政策使得愈來愈多漢人商賈和日本商人轉向到臺灣碰頭，大家將船開到臺灣，在約定的時間、地點交易商品，進行「會船點貿易」。

日本人拿白銀到臺灣買中國的絲貨和瓷器，以及臺灣的鹿皮；漢人則拿鐵器、陶器、食鹽和原住民交換鹿皮，再賣給日本人，從中賺取利潤。為了做生意，有些漢人商賈不怕被獵人頭（圖4），甚至學會原住民的語言、居住在他們的村落，開始收購原住民的鹿肉、鹿皮、鹿茸以及藥用鹿鞭。

一六二四年荷蘭人占領臺灣時，臺灣約有一千五百名漢人，大部分是短暫停留來捕魚（主要是烏魚）、打獵、做生意，也有漢人開始少量栽種石榴、橘子、香蕉、西瓜等水果來食用。那時，荷蘭人駐守臺灣的官民大約六百人，加上二千二百個士兵，只比漢人多一千三百人左右。

荷蘭人是為了和中國建立通商關係而來到臺灣，在臺灣建立商港後不久，從一六三〇年代起，決定向漢人移民招手。他們的如意算盤是：從荷蘭東印度公司亞洲總部巴達維亞或從荷蘭本國派人來臺，都不如從中國招來漢人划算；而且，漢人比外國人更能專攬中國的貿易。

荷蘭統治臺灣的三十八年期間，引進勞工和農民、漁民和捕鹿者等移民，前六年以勞工移民為主，後面三十二年則轉為農業移民。主要是因後來日本德川幕府禁止海外貿易，荷蘭人無法如願讓臺灣成為對日貿易轉口港，因此轉而在臺灣發展能自行生產的產品，可同時供應本地需求與出口，既省掉支出，又能增加獲利。

初期勞工移民大多是赤手空拳的青壯年男子，四百年前，只有他們能渡過俗稱「黑水溝」的臺灣海峽，勞力是他們最大的資本。荷蘭人剛到臺灣時，每名漢人勞工一天工資只有五便士（pence，英鎊輔幣最小幣值），一個月工資是十五先令（shilling，英鎊輔幣單位），在歐洲人眼中，簡直是廉價勞工；當時荷蘭人在臺灣買一張鹿皮約四便士，在日本出售可獲得三先令以上，也就是漢人的月工資只值五張鹿皮售價。荷蘭人來臺灣八年後，因移民不斷湧入，工資甚至跌價六成，每人每月只領到六先令，難怪荷蘭人樂於雇用漢人勞工了。

鹿皮是荷蘭人搜刮臺灣自然資源的無本生意，他們規定漢人移民必須先繳錢取得執照，才能在規定的區域內狩獵並蒐集鹿皮。

荷蘭人把漁業經營當成重要的稅收來源，規定在臺灣沿岸捕魚要獲得荷蘭東印度公司

圖5　臺灣糖業的開始
荷蘭人鼓勵漢人移民來臺灣種甘蔗，並給予免稅優惠，從此奠定了臺灣的糖業基礎。（秋惠文庫提供）

准許，還要繳十分之一的漁業稅，他們會派船隻在漁場巡邏，漁民雖要繳稅，但也受到保護；不少季節性漁夫從中國來臺灣捕魚，也有許多移民搭乘他們的漁船來臺灣定居。漁民停留在臺灣期間，就住在漁場附近的漁寮裡，後來漸漸發展成漁村；有些漁民乾脆在臺灣定居，而後為了生活需要，開始從事農業，是臺灣農業發展的濫觴。

農業移民則是因荷蘭人發現臺灣適合生產甘蔗，可做成砂糖外銷，但原住民只種植自家日常所需的量，沒興趣耕種經濟作物；荷蘭人便鼓勵漢人移民來臺灣種甘蔗，並給予免稅優惠，從此奠定了臺灣的糖業基礎（圖5）。當時農民也種番薯[3]和稻米，但稻米產量不充足，直到一七二〇年代，臺灣米才開始有規模的出口。

為了鼓勵漢人移民來臺灣開墾，荷蘭東印度公司提供了不少優惠條件，例如：無償提供土地和耕牛、免除賦稅、直接融資；甚至鎮服原住民、取締槍械、禁止賭博、管制飲酒、逮捕走私、海盜和偽幣犯；制定公共度量衡、匯率；強制執行契約、裁決爭端；並蓋醫院、教堂、孤兒院，以打造穩定的社會經濟環境，讓移民安心、願意置產（圖6）。

荷蘭人統治後期，更鼓勵漢人來臺經商，他們很重視甘蔗等經濟作物，甘蔗收成之後要靠商人進行交易，於是在今臺南赤崁地區也蓋起市街，安頓漢人商賈。

臺灣從此成為荷蘭統治下的漢人屯墾區，荷蘭東印度公司的收入一部分就是來自漢人移民繳交的稅款與執照費，以及鹿皮和砂糖等貿易收入。當時荷蘭官員直言：「漢人是福爾摩沙島上唯一能釀蜜的蜂種。」言下之意是只要做好管理，漢人移民會自動替荷蘭人賺錢。

除了荷蘭人提供的各種優惠措施外，因福建地區連年饑荒[4]、戰亂，漢人把移民臺灣當成尋找生路的機會。

荷蘭人來臺灣四年後（一六二八年），鄭芝龍投降明朝，福建巡撫為了解決數以萬計的饑民問題，希望鄭芝龍將饑民移到臺灣墾荒。傳說鄭芝龍提出給饑民渡臺的優惠方案是

「每人給銀三兩，三人給牛一頭」；也有更優惠的說法是「每人給銀三兩，給牛一頭」[5]。鄭芝龍幫忙移民除了日後可向移民收取田租之外，同時因他與荷蘭人訂有貿易契約，替他們帶來所需的移民，也算是種「投資」吧！

即便沒有任何優惠方案，鄭芝龍投降明朝後，一一剷平海商（盜）勢力，臺灣海峽逐漸安全，烽火餘生的難民，更願意來臺尋找機會。

到了一六四四年滿清入關，更多難民為了避亂來臺；滿清入關十四年後，鄭成功在福建沿海逐漸敗退，再度掀起一波難民逃亡到臺灣的熱潮。一批批漢人移民來臺，使荷蘭時期的漢人數量超過三萬人[6]，短短三十餘年，人數成長二十倍以上。

相較之下，西班牙占領臺灣北部十六年卻幾乎沒有漢人移民。其實，荷蘭人在臺灣建立商港時，曾有位道明會神父艾斯奇維 (Jacinto Esquivel) 向在臺灣的西班牙人提議，中國福建有大量遭逢饑荒的農民，都是很優秀的栽種者，只要給予適當鼓勵與優惠措施，他們會樂意移民來臺灣。可惜當時西班牙人沒採納他的建議，因此無法像荷蘭人那樣讓臺灣自給自足，這或許是西班牙最後被荷蘭人驅逐離開臺灣的原因之一吧！

荷蘭東印度公司原先要將臺灣發展成東亞地區的轉運港，卻在偶然的轉變契機下，促使更多漢人移民到臺灣耕作，致力開發產業並出口，奠定了臺灣做為出口港的基礎。

由於荷蘭東印度公司的積極鼓勵，使漢人移居臺灣有了飛躍性進展。如此看來，臺灣從原住民社會變成漢人社會，竟是因為荷蘭人的殖民而造成的！這樣的答案，是否讓你覺得不可思議呢？

圖6　大員市鎮圖
左邊就是大員市鎮（或稱熱蘭遮市），今臺南安平，位於熱蘭遮城東面二百公尺處。為臺灣史上第一個以通商交易為主要功能的聚落，當時首富之區。（攝於臺南安平古堡）

附註

1.清朝曾頒布「渡臺禁令」三條：

(1)嚴禁無照渡臺。想渡航臺灣，必先在原籍地申請渡航許可證，經分巡臺廈兵備道及臺灣海防同知的審驗核可，方可渡臺。

(2)渡臺者一律不准攜家帶眷，既渡臺者也不准招致家眷。

(3)粵地屢為海盜淵藪，不准粵地人民渡臺。

受這些條款限制，多數人都是「偷渡」來臺，危險甚多，才有「唐山過臺灣，心肝結歸丸」的哀怨。

2.荷蘭人選定吸引漢人的地點在赤崁耕地一帶，有河川，土地肥沃，野鹿群生，又有魚類棲息的沼澤。隨著漢人移民增加，赤崁地區就逐漸發展起來。（參見頁五十三圖1荷蘭人占領下的臺灣）。

3.十六世紀末（一五九四年）從菲律賓引進番薯到福建，很快就傳入臺灣，荷蘭人來臺後，應該已廣泛種植。

4.福建在一六二六至一六三一年間，及一六四八年，連年發生饑荒。

5.在《賜姓始末》中記載：「崇禎初，熊文燦撫閩，值大旱，民饑，上下無策，文燦向芝龍謀之。……乃招饑民數萬人，人給銀三兩，三人給牛一頭，用海舶載至臺灣，令其發舍開墾荒土為田。厥田為上上，秋成所獲，倍於中土，其人以衣食之餘，納租鄭氏。」龔柴的《臺灣小志》更有「人給銀三兩，給牛一頭」的更優惠傳說。學者陳紹馨則駁斥此說是「無稽之談」，因為假定有三萬饑民，須花九萬兩銀子，牛一萬頭，甚至需要牛三萬頭。在動亂饑饉之下，憑地方政府的力量，絕非易事。

6.荷蘭統治時期臺灣的漢人數，有不同的說法，學者曹永和說大概有十萬人；江樹生認為當時若有不適於居留的現象，就可輕易移回大陸，可能是五萬人以下；林仁川則認為是三萬人左右。

大事記

1624 ■荷蘭人占領臺灣第一年，臺灣約有一千五百名漢人

1626 ■福建開始連續六年發生饑荒

1628 ■鄭芝龍投降明朝後，福建巡撫希望鄭芝龍將饑民送來臺灣

1630s ■荷蘭人大舉招徠漢人移民來臺（主要是農業移民）

1642 ■荷蘭人趕走西班牙人

1644 ■滿清入關，中國沿海民眾避難來臺

1646 ■鄭芝龍投降清朝

1648 ■福建再度饑荒，又有饑民來臺

1658 ■鄭成功不敵清軍，在福建沿海敗退，又掀起難民渡海避難熱潮

5 荷蘭人和原住民

你以為：臺灣原住民的頭目制度是部落既有的傳統

事實是：原住民頭目制度是由荷蘭人創立的

臺灣原住民各部落的領導人叫「頭目」[1]，一般以為這是原住民原本傳統就有的制度，但按照史書記載[2]，頭目這個身分卻是荷蘭統治時期所建立的。

荷蘭東印度公司進入臺灣之初，臺灣是以原住民為主的社會[3]（圖1）。住在大員（今臺南安平）附近屬平埔族[4]的西拉雅族，主要有新港（今新市）、目加溜灣（今善化）、蕭壠（今佳里）、麻豆等村社，其中新港社僅一千人左右，是最小的村社；目加溜灣、蕭壠兩社規模較大，約有一千五百人；最大的麻豆社，人口約有二千人（圖2）。

西拉雅村社通常透過與外界結盟，獲得貿易商品和武器，以及在獵頭戰爭的協助等。

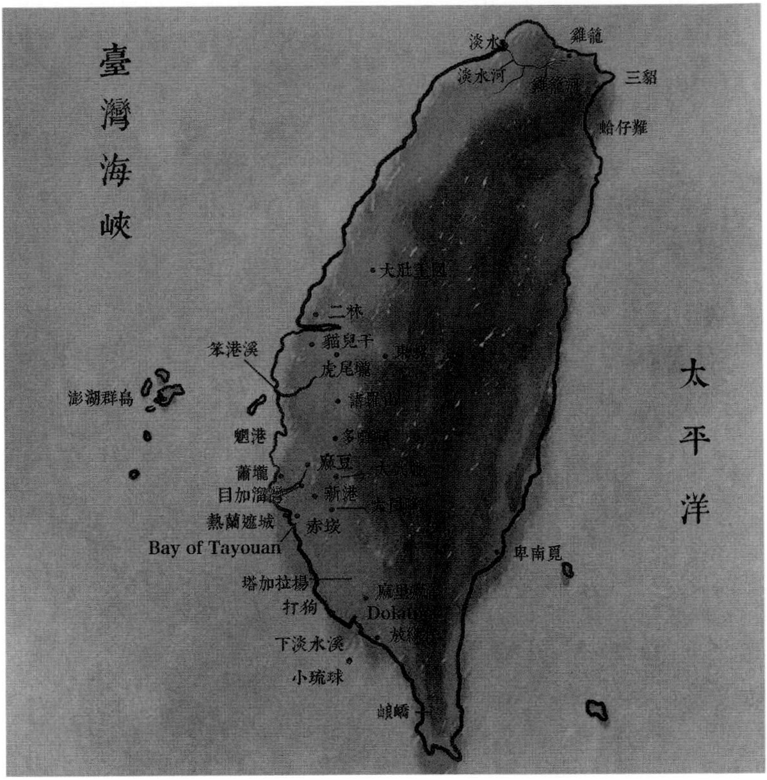

圖1 荷蘭時期臺灣原住民（平埔族）族群分布圖

Formosa. — Type d'indigène civilisé, d'après une photographie. (V. p. 386.)

圖2 西拉雅族婦女畫像

西拉雅族是臺灣平埔族中人口最多、勢力最強的一族，主要分布在嘉南平原到恆春半島之間。十九世紀因漢人爭地壓力，部分西拉雅人逐漸東遷移居臺東、花蓮一帶，幾乎完全漢化，失去傳統風俗及語言。近年發起正名運動，要求官方承認原住民身分，臺南縣政府在二〇〇五年率先認定西拉雅族為「縣定原住民族」，二〇一〇年後為「臺南市定原住民」。（中研院臺灣史研究所翁佳音教授提供）

結盟對象包括在當地活動數十年的漢人、日本人，以及剛來的荷蘭人。

荷蘭人剛抵達臺灣時，西拉雅各村社相繼前往拜訪，表達善意，想要爭取結盟。實力不強的新港社尤其需要透過結盟以抵禦周邊，特別是敵對的麻豆社；更由於鄰近臺江內海，最接近大員，成為荷蘭人最初接觸的村社、最親的聯盟。

新港社原是中日走私者交換生絲與白銀的「會船」地點（圖3、4），當地居民很習慣接觸外來者。過去的外來者通常是來交易、徵貢，或掠奪財產、奴隸之後就離去；而荷蘭人不但驅逐了沿岸的漢人海盜，同時削減了日本商人的勢力，更在沒有人居住的一鯤鯓建立城堡與市街，隨後用十五匹棉花布的「謝禮」，向對岸赤崁地區的新港社人「換取」土地使用權[5]。

圖3 臺南新市新港堂（新港社地方文物館）

新港堂位於今臺南市新市區臺南科學園區內道爺路，近鄰古臺江內海堤塘港，為明鄭時代之港西文書館遺址，更是新港社大聚落及中寮、三甲、宅仔內、五間厝、太爺庄、道爺庄、木柵庄等部落所在地中心，歷史淵源相當深厚。

圖4 會船點今貌

新港堂緊臨著古臺江內海東岸之新港溪（今鹽水溪）支流，是客商出入海域的重要港口，即是早期會船點所在位置。

不久，荷蘭東印度公司因興建防禦工事與商館的經費過於龐大，第一任長官宋克向大員市鎮的商人課徵進出口「什一稅」作為補貼[6]，並決議向日本人徵稅。日本人拒絕交稅，荷蘭人因而沒收了日本人的金錢與生絲，引發一連串的衝突，也就是著名的「濱田彌兵衛事件」[7]。

濱田彌兵衛為了報復荷蘭人，安排邀集新港社的理加等人組成「高山國使節團」（日本稱臺灣為「高山國」），前往日本長崎，控訴荷蘭人在臺灣的暴行。理加向德川幕府表示要奉獻臺灣土地，讓荷蘭人失去對在臺通商者課稅的權力；德川將軍雖然沒有接受理加獻地，但回贈銀條、衣物與布匹等。

理加到日本的舉動，使得荷蘭東印度公司派往日本談判的第三任臺灣長官諾伊次無功而返。諾伊次等到理加一行人返回臺灣時，立刻加以逮捕監禁，直到日、荷雙方和解才釋放他們。荷蘭人與新港社的關係，因而陷入谷底。

雖然只有少數新港社人參與這次行動，但突顯的事實是：荷蘭無法妥善處理新港社與麻豆社之間的衝突，講求實力的原住民認為日本是更有力的靠山。

荷蘭對臺灣原住民的統治策略中，很重要的一環是「教化」。一六二五年，第一任長官宋克寫信給巴達維亞當局，希望能派遣牧師來臺灣傳教。

一六二七年六月，德國籍牧師康第紐斯來到臺灣[8]，在新港社居住一年多後，提出報

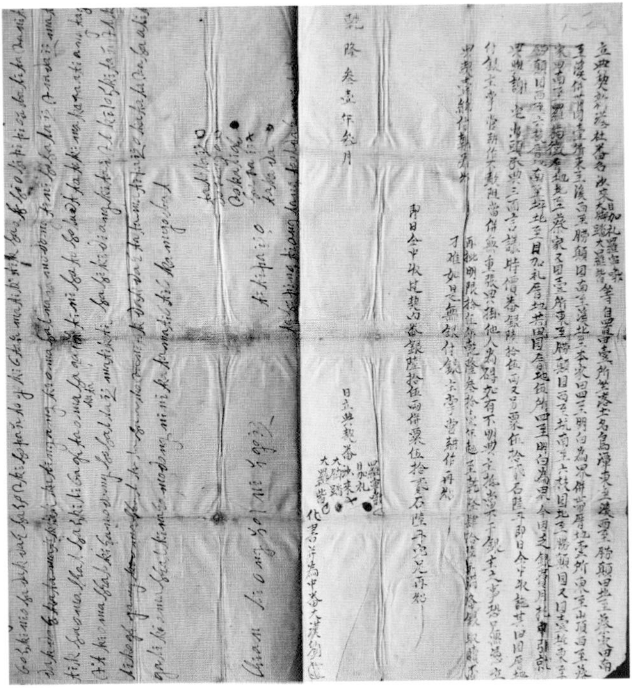

圖5　新港文書

「新港文書」俗稱「番仔書」，指臺南平埔族民間房地產之類的私人文書。以基督教傳教教材、平埔族與漢人間處理土地問題的地契為大宗，通常是漢語、西拉雅語雙語對照。這批文書是一八七一年由美國駐廈門臺灣領事李仙得（C. W. Le Gendre）在新港發現的，命名為「新港文書」的是日本學者村上直次郎，他是臺北帝國大學文政學部史學科「南洋史學」講座的首任教授。（秋惠文庫提供）

告指出，臺灣原住民的學習能力比巴達維亞原住民強很多。臺灣原住民沒有文字，傳統信仰沒有被記載，對外來宗教的接受度較高。但不久之後，荷蘭人與原住民發生衝突，無法大規模的傳教；康第紐斯便投注心力以新港語翻譯《聖經》的重要章節，並編寫《新港語字典》，以羅馬字母拼音的方式將新港語文字化，即是「新港文書」（圖5），是原住民初次文字體驗。

三年後，又有一位祐

紐斯牧師（圖6）來到臺灣，待了十四年（直至一六四三年），是停留最久的傳教士。祐紐斯曾與康第紐斯共同提案，希望派送數名新港社少年到荷蘭留學，培養成為傳教士之後，再回到臺灣服務，但被巴達維亞當局以花費過高為由否決，卻更加強了祐紐斯培養原住民教士的決心。

除了懷柔的教化，武嚇也不能少。諾伊次為展現荷蘭東印度公司統治實力，決定處理麻豆社，因為常有「非法」來臺交易的漢人海盜（或倭寇），以及走私的漢人海商，躲藏在這個西拉雅最大的部落中[9]。

一六二九年七月底，諾伊次得到情報，海盜三腳大爺 (Sachataija) 在麻豆社一帶出沒，遂派遣六十多名士兵前往搜捕，麻豆社人推說三腳大爺和部屬已逃走了，荷蘭士兵於是折返。途中必須經過一條溪河，麻豆社人主動表示要替荷蘭人揹槍、揹人過河；荷蘭士兵不疑有詐，走至河中央時，岸邊埋伏的麻豆社人一舉衝出，士兵全數被殲滅，只有漢人通事僥倖逃過一劫，史上稱為「麻豆社事件」，使得荷蘭人的威信受到挑戰，麻豆社在原住民眼裡，一躍成為「霸主」；而與麻豆社是世仇的新港社，則不斷受到麻豆社與目加溜灣社的侵擾。

第四任長官普特曼斯 (Hans Putmans) 上任後，恢復了與新港社的關係，並向巴達維亞請求增派援軍，展開對麻豆社與目加溜灣社懲罰性討伐行動，調派了二百三十名武裝兵力襲擊目加溜灣社，縱火迫使麻豆社、目加溜灣社的代表到大員商談，而後簽訂停火協議，

圖6 ● 祐紐斯牧師（國立臺灣歷史博物館提供）

為荷蘭人掙回了一些聲望。

即使如此，麻豆社依然是地方勢力最強大的村社，其中有位氣燄高張的人物，名為直加弄（Taccaran）。一六三三年，他計畫搭船前往日本，以爭取日本人共同對抗荷蘭人，並率領部眾在魍港（今八掌溪口）一帶騷擾受荷方保護從事漁業和貿易的漢人。

普特曼斯除了派康第紐斯牧師前往麻豆社送禮外，並邀請直加弄共同率軍征討今屏東沿岸、小琉球島的原住民[10]。征討軍啟航時，卻只有蕭壠社和新港社加入，直加弄和麻豆社人不但沒有參加，甚至揚言要攻擊蕭壠社和新港社。

直加弄的氣勢更強盛——宣稱荷蘭人對他敬畏三分，並威脅要燒毀新港社、殺害居住其中的荷蘭人；荷蘭官員更發現蕭壠社人與麻豆社人早就結盟了。

普特曼斯決定進行延宕多年的麻豆社征討計畫，一六三五年十一月底，他帶著五百人，從熱蘭遮城渡過臺江內海登陸，與祐紐斯牧師所帶領的新港社人會合，進攻麻豆社。

麻豆社人事先獲得情報，多數人逃往他處避難；沒有逃離的人（包括首領直加弄）都死在新港社人刀下，荷蘭軍隊焚毀住屋後，當天凱旋而歸。

戰後麻豆社人託人出面求和；接著，四名麻豆社人來到新港社，由祐紐斯牧師陪同前往大員，獲得普特曼斯接見後，帶回締和草約商討。

十二月初，更多麻豆社人來到新港社，奉上種在土裡的小檳榔樹和小椰子樹，代表要將土地權利讓與荷蘭人；完成獻地歸順儀式及確認和約內容後，荷蘭官員要求麻豆社派出八位長老，由他們選擇半數人擔任頭目。

十二月中旬到熱蘭遮城正式簽訂《麻豆協約》[11]，荷蘭人任命四個人擔任頭目，負責處理麻豆社與荷蘭東印度公司之間的交涉事務。他們承諾服從後，被授予荷蘭奧倫治親王（Prince of Orange）的三色旗、黑絲絨禮袍、鑲了銀杖頭的藤杖，杖頭標示著公司紋章，作為權威的象徵，完成了麻豆社降服儀式（圖7）。

《麻豆協約》簽訂後，陸續有蕭壠等村社以此協約為藍本，主動表示歸順，將主權讓渡由荷蘭聯邦議會管轄，荷蘭人與臺灣西部各村社的關係才算初步穩定下來。

按西拉雅族傳統，村社原本沒有產生領導者的制度，卻有議會組織（Takasach），由全村四十至四十二歲的男性（屬長者）中推舉出來組成；能言善道、得人望或展現實力者就能成為對外交涉的代表人物。但議會每年重組，沒有太多行政職權，大事要經過村社大會公開討論。此外，西拉雅社會的女性地位優於男性，透過尪姨（圖8）占卜與預言，更是村社一切行事的準則。

普特曼斯接受祐紐斯牧師建議，一六三六年二月在新港社舉行各村社代表人「歸順集會」，共二十八個代表人參加，讓服從荷蘭主權的村社取得更正式的地位，並使先前相互攻擊的村社聯合起來。

圖7　拿藤杖的西拉雅族人
（中研院臺灣史研究所翁佳音教授提供）

Gezandſchap of Bezending

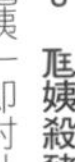

圖8　尪姨殺豬

「尪姨」即村社女巫，具有很高的地位。據說有能力通鬼神，預知吉凶，專主各種祭典、占卜，乃至治病或施咒；舉凡建屋、狩獵、播種、收割及紛爭無法議定之事，皆得由尪姨占卜，再做決定。另有一種尪姨專以巫術施咒害人，被稱為「鬼婆」。歸降荷蘭的村社的尪姨於一六四一年被放逐到今嘉義一帶，總數有二五〇人，從此不再有任何影響力。（中研院臺灣史研究所翁佳音教授提供）

儀式先是呼籲各村社要友好和平，不許族群「私鬥」，只能參與「公戰」；接著說明荷蘭東印度公司屬民的義務，並在每個村社代表裡任命二到三人為頭目，授予簽訂《麻豆協約》時的三色旗、黑絲絨禮袍、藤杖，透過一連串繁複又隆重的歸降儀式，展示公司至上的威權，最重要的是對村社領導人（頭目）的任命權。

這次集會開啟了地方會議的前奏，也是原住民首次在外力引導下大會合。祐紐斯牧師說：「由外界統治者任命的頭目握有管理權，他們會成為殖民地不可或缺的中介角色。」集會中，新港社理加也成了荷蘭人任命的新港社頭目。理加的態度轉變，主要是因麻豆社勢力擴張，他體會到若不是荷蘭人介入，新港社結局將大不相同，同時在共同出兵征討各村社過程中，他見識到荷蘭人的戰鬥實力，以及無往不利的好處，因而拉近了彼此間的關係。

理加成了荷蘭人擴張殖民地的得力助手，選擇結盟鞏固了他在族人中的地位，也影響了村社勢力的消長。

同一時間，荷蘭以武力控制了諸羅山（今嘉義）到放索（今屏東林邊）的區域。祐紐斯牧師五月在新港社開設第一所學校，男女學生兼收，授課內容主要是學習基礎課程和基督教教義，教授羅馬字母，鍛鍊讀寫能力。

一六四〇年，第六任臺灣長官保羅士（Paulus Traudenius）上任，隔年又在新港社召開一次集會，確認服從新任長官，贈送禮袍、三色旗和藤杖。會議中，各村社代表立約和平相處，「若有爭執由長官仲裁」，象徵荷蘭人對各村社擁有司法權。

接著，荷蘭人征服了最大的鹿場虎尾壠，雙方簽訂《虎尾壠條約》（一六四二年二月），虎尾壠人兩年後派代表出席地方會議。條約簽訂後，只允許領有捕鹿執照的漢人進入鹿場，荷蘭人於是得以控制臺灣的捕鹿經濟活動，同時打通了前往臺灣中部的通路，對之後進入淡水、雞籠，甚至自北部攻伐大肚王[12]所管轄的中部地區村社，都獲得了具有戰略意義的進展。

一六四三年，第七任臺灣長官麥爾 (Maximiliaen Le Maire) 上任，隔年三月於赤崁舉行第一屆「地方會議」（圖9）。參加人數約三百到四百人，有一百二十五個荷蘭人，其他全是原住民。

會議進行前，先是臺灣長官和評議員在士兵護送下進場，再按官階高低安排就座；接著是長官致詞、新任長官自我介紹、推行政策宣布，以及希望原住民配合事項；再來用藤杖轉移象徵權力從卸任頭目轉移到新任者；隨後是「升堂」，接受陳情，並進行仲裁、執行獎懲；壓軸好戲是荷蘭人和原住民吃喝玩樂到深夜。

第一屆地方會議中，荷蘭人刻意安排新港社頭目理加為重要的在地代表，讓他在會議進行中，對在座每位代表褒獎一番，並向與會代表大肆讚揚新政策的優點。

荷方於會議中宣告政令、演講時，除了荷蘭語之外，並同步翻譯為新港語；連歐洲人

圖9　地方會議實況
（國立臺灣歷史博物館提供）

都能說新港語，顯示新港語在所有原住民語言中的地位與眾不同；新港社更因與荷蘭人關係緊密，在原住民社會的地位跟著水漲船高，成了最重要的村社。

除了藉由儀式安排來展示統治權之外，會議達成的重要事項是將村社頭目任命制度化，每年替換；並確定往後每年召開一次地方會議，會議中將對現任村社頭目的行政績效加以檢驗，並完成新頭目的派任。

村社頭目於是成為村社最高權威者，任務就是執行政令，負起村社和平工作，還要逮捕、舉發未經授權進行貿易活動的漢商與沒有執照的捕鹿人，協助駐留當地傳教士的事務，如提高學校就學率與教堂聽道率等。

荷蘭人為節省宣教成本，以及方便統治，以「淨空離島」[13]、「山區移往平地」[14]原則，將四散的原住民整併，並從各村社原有長老中，選擇配合度較高的人擔任長老；再指派能遵循荷蘭人命令的人擔任頭目，而頭目能否續任，則由公司政務官及傳教士報告來評斷。

荷蘭人推廣一年一度對村社人口戶數的普查、貢稅的徵收。以掌握每一社的人數與家戶數、壯漢人數與武力規模，以作為徵收基數。

地方會議召開前，各地駐紮的荷蘭政務官、通事等會巡迴各村社，提醒頭目與長老準備參加，在全島原住民社會中產生相當程度的政治動員力。

隨著荷蘭人在臺灣勢力擴展，地方會議範圍擴及到全臺灣：北集會區包括今臺中、南投以南，至臺南、高雄縣部分；南集會區從高屏溪到墾丁；東部卑南集會區在今臺東縣；淡水集會區囊括宜蘭、基隆、臺北，淡水河以南、大甲溪以北的原住民村社[15]。

原則上地方會議每年召開（一六五七年曾因天花肆虐暫停召開），臺灣長官揆一為減輕原住民稱臣納貢的負擔，曾向巴達維亞當局提議改為二至三年召開一次，但巴達維亞方面認為減少會議次數，沒有官員督促，原住民將更怠惰，甚至無法遏止獵頭的惡行。

荷蘭人征服了麻豆社之後，因麻豆社漁產豐富，接近鹿場，是肉類食品相當重要的來源，決定在這裡建立石造倉庫、設立一所小學；之後陸續在目加溜灣、蕭壠等地建學校；一六五九年更在蕭壠開辦了神學學校[16]，有不少學齡兒童來就學。荷蘭人很滿意對臺灣原住民的教化成果[17]，教化範圍以今臺南為中心，往北達到嘉義和彰化附近，往南到達屏東平原及恆春。

一六五二年的漢人叛變──郭懷一事件[18]，殺死郭懷一的就是新港社人，荷蘭人總算嘗到了政治與宗教教化的甜頭。

然而或許是荷蘭人對原住民的基督教教育與統治方式太過嚴厲，當鄭成功來到臺灣時，大員附近的原住民不但不抵抗，還紛紛表示歡迎與歸順。不過「凡走過，必留下痕跡」，直到十九世紀，「紅毛先祖」仍是臺灣原住民的集體記憶；淡水開港之後，原住民看到來訪的歐美人士，甚至以為是紅毛親戚回來了。看來，荷蘭與原住民的接觸程度與影響範圍，可能遠超乎想像。

荷蘭臺灣長官一覽表

任別	任期	長官
	1622～1624	雷爾生 (Cornelis ReiJersen)
1	1624～1625	宋克 (Martinus Sonck)
2	1625～1627	韋特 (Gerard F. de Witt)
3	1627～1629	諾伊次 (Pieter Nuyts)
4	1629～1636	普特曼斯 (Hans Putmans)
5	1636～1640	德包爾 (Johan Van Der Burg)
6	1640～1643	保羅士 (Paulus Traudenius)
7	1643～1644	麥爾 (Maximiliaen Le Maire)
8	1644～1646	加龍 (Francois Caron)
9	1646～1649	歐沃德 (Pieter A. Overwater)
10	1649～1653	費爾勃格 (Nicolas Verburg)
11	1653～1656	凱撒 (Cornelis Caesar)
12	1656～1661	揆一 (Frederick Coyett)
13	1661（未上任）	科連克 (Harmen Klenck Van Odessen)

附註

1. 翁佳音教授認為原住民社會已有「頭目」、「夷目」稱謂。荷蘭記錄交涉對象，通常稱為「頭人(hooft)」、「頭目(principal, overste, capitain)」；康培德教授說有「長老」(outsten)、「頭人」(hoofden)、「首領」(bevelhebbers)等不同譯名，他則譯成「村落頭人」(village principals)；學者鄭惟中譯成「村落首領」(overhooffd)，又稱為「長老」(outsten)或「首長」(bevelhebber)；鄭氏和清朝皆稱「土官」，劉銘傳時改稱「頭目」。本文為讓讀者易理解，直接稱為「頭目」。
2. 明末《東番志》說臺灣番人「無酋長」；荷蘭《巴達維亞城日誌》則說蕭壠社等西拉雅族「無首領或大頭目(overhoofd)」；清代《諸羅縣志》記載：「土官之設，始自荷蘭，鄭氏因之。」
3. 現在習慣將原住民分為「高山族」和「平埔族」，是日本學者伊能嘉矩分類的。一八九五年日本領臺之初，伊能嘉矩受命來臺，從事臺灣人類學調查研究。首度提出了臺灣原住民的分類體系，保留了重要語言學、人類學、歷史學資料，沿用至今。荷蘭時期，臺灣原住民雖無高山族與平埔族之分，但與荷蘭人接觸者應屬於後來分類的平埔族，亦即平埔族被漢化之前，已先被荷蘭人「改造」過了。
4. 日治時期以前，平埔族缺乏有系統之分類。荷蘭時期僅記錄了社名，並依分布地區，劃分成幾個區域群。清朝黃叔璥在《番俗六考》中，將原住民分為北路諸羅番一至十、南路鳳山番、傀儡番、瑯礄十八社等十三個部落群。日治時期，伊能嘉矩、粟野傳之丞的《臺灣番人事情》才對平埔族系統分類，其後伊能嘉矩又著《臺灣番政志》，將平埔族分類修正為：凱達格蘭族(Ketagalan)、噶瑪蘭族(Kavarawan)、道卡斯族(Taokas)、拍宰海族(Pazzehe)、拍暴拉族(Vupuran)、巴布薩族(Poavosa)、阿立昆族(Arikun)、羅亞族(Lloa)、西拉雅族(Siraya, Siraiya)及馬卡道族(Makattao)等十族。
5. 在臺灣土地的取得上，荷蘭認為除了與福建官員議和簽約外，已向新港社人「購買」，而原住民的認知一向沒有土地私有的觀念，包括新港、麻豆、蕭壠、目加溜灣等村社都認為是共同「出租」給荷蘭人居住。諾伊次擔任臺灣長官時，原住民照往例要求荷蘭人繳納土地謝禮或年金，諾伊次不但不付費，還將他們視為小偷、騙子，要求他們在各社為荷蘭人建屋，才要支付布匹。
6. 什一稅(tithe)是歐洲基督教會向居民徵收的一種宗教稅捐，源起於《舊約》時代。通常是以總費用的十分之一為繳稅金額。
7. 參見3.荷蘭人在臺灣做什麼生意。
8. 康第紐斯又譯為康第丟斯、干治士。其相關事蹟參見1.西方人如何認識臺灣。
9. 從魍港有水路可通麻豆社，因而漢人海盜常躲藏在社中，甚至停泊海盜船。荷蘭人來臺之初，麻豆社依然雄據一方，與漢人海盜有著微妙關係，有時會與海盜出海「打劫」。
10. 荷蘭東印度公司以一六二二年有艘金獅號(Gouden Leeuw)因海難漂流至小琉球，船員遭島民殺害為藉口，於一六三三年十一月發動了報復性征服行動。
11. 由《麻豆協約》可知，荷蘭東印度公司承認臺灣原住民擁有主權，雙方簽下主權讓渡和約。以後不管是漢人或其他歐洲人，與原住民的任何交易都得經荷蘭人同意才能生效。這份文件留存於荷蘭海牙國家檔案館，可謂臺灣人最早簽訂國際條約的明文紀錄。

12. 大肚王國為十六世紀中期臺灣原住民巴布薩族、拍宰海族等成立的「跨族群準王國」。領域在今臺中市及彰化縣、南投縣一部分；也有學者指出「大肚番王」只是極為鬆散的部落聯盟，沒有具體組織和有效率的統治形式。

13. 淨空離島人口以小琉球、蘭嶼和龜山島為主，龜山島經探知是無人島，蘭嶼則在荷蘭人對臺灣東部探金熱潮減緩後，無疾而終；主要是小琉球近乎被滅族的報復行動後，針對殘存婦孺、老人的後續作業。有些人分配給大員市鎮公司雇員當僕役，其餘以「增加人口」為由，安置到新港社。這些離島原住民一經船隻載運遷移後，難有機會重返故居。

14. 山區人口移往平地的重點在小規模及位於交通要道的村社，配合的僅有響應荷蘭人政策的部分家戶，或是涉及村社間權力或資源分配紛爭者；加上遷移後能返回原地居住，因此遷移成效不高。

15. 地方會議分四區舉行。大致上以熱蘭遮城為中心分成南、北兩區，兩區會議召開最為慎重、最具規律，舉行地點在赤崁，日期是三月間，據說為了體恤各社頭目、長老連夜遠途趕路，而擇定月圓之日。北部淡水區集會地點為「臺灣最北角」，應指淡水紅毛城附近，通常在十二月舉行；東部集會地為今臺東市附近的卑南，因創設較晚，集會多不定期。

16. 這些學校使用的教材是由在臺灣的傳教士編訂簡易教義，其中祐紐斯編寫的教材考慮到原住民的文化與理解力，予以簡化，以原住民較能理解的方式書寫，學習成果相當良好。除了孩童之外，荷蘭人也很重視成年人教育，包括男性、女性，甚至年長者、已婚者和未婚成人。

17. 據一六五九年擔任赤崁地方官的貓難實叮 (Jacob Valentijn) 所寫的〈福爾摩沙的概述——島上的宗教〉報告書中提到：「教化成績最高之番社，住民中有百分之八十接受基督教教育，其中百分之四十的人相當能理解所學的教義。」可見以成果而言，對在臺灣的教化成果甚為滿意。據《巴達維亞城日誌》所載：信仰基督教的人數中，原住民受洗者達五千九百名，在教會舉行結婚典禮的原住民夫妻已有五百餘對，受教育學生六百餘名，其中有五十名被拔擢為教師。

18. 參見6. 鄭成功如何趕走荷蘭人。

今昔地名對照	
虎尾壠	今雲林一帶
新港	今臺南新市
目加溜灣	今臺南善化
蕭壠	今臺南佳里
魍港	今嘉義八掌溪口
滬尾	今淡水
雞籠	今基隆
諸羅山	今嘉義
放索	今屏東林邊

大事記

1624 荷蘭人進入臺灣，向新港社人換取土地使用權

1627 德國籍牧師康第紐斯來到臺灣

1628 荷、日間因收稅問題，發生「濱田彌兵衛事件」，新港社理加等人背叛了荷蘭，使新港社與荷蘭人關係陷入谷底

1629 祐紐斯牧師來到臺灣；七月發生「麻豆社事件」；第四任長官普特曼斯就職

1630 普特曼斯與麻豆社簽訂停火協議

1633 麻豆社首領直加弄前往日本爭取盟友，造成原住民與荷蘭人更大的衝突；荷蘭人征服小琉球

1635 普特曼斯率兵進攻麻豆社，雙方議和，簽訂《麻豆協約》

1636 荷蘭人在新港社舉行各部落代表人的歸順集會，在新港社開設第一所學校

1641 第六任長官保羅士召開集會，確立荷蘭對臣服的村社擁有司法權；放逐各村社尪姨

1642 荷蘭征服最大的鹿場虎尾壠，簽訂《虎尾壠條約》

1644 第七任長官麥爾召開第一屆地方會議，將村社頭目任命制度化

1652 發生漢人叛變的郭懷一事件

1657 全臺天花肆虐而暫停召開地方會議

1659 荷蘭人在蕭壠開辦了神學學校

6 鄭成功如何趕走荷蘭人？

你以為：鄭成功直接用武力打敗荷蘭人

事實是：武攻之前，鄭成功早已透過經濟封鎖癱瘓荷蘭人的貿易

荷蘭人統治臺灣三十八年後，被鄭成功（圖1）趕走，這不只是臺灣歷史上第一次政權輪替，更是荷蘭人終究不敵漢人的重大挫敗。鄭成功最終雖是以武力擊退荷蘭人，其實對荷蘭人最嚴重的致命傷，是施行經濟封鎖的戰略。

鄭芝龍投降清朝後，鄭成功快速整合鄭家勢力。一六五二年，臺灣發生「郭懷一事件」，約有四、五千名農民群起反抗荷蘭人，此事謠傳是鄭成功為了奪取臺灣而主導。雖然荷蘭人快速平定事件，並未發現反抗農民與鄭成功聯繫的證據，卻反映出荷蘭人逐漸無力控制愈來愈多的漢人移民[1]；而移民臺灣的漢人和鄭芝龍關係極為密切，大部分人的家眷仍在中

圖1 鄭成功畫像（國寶）
鄭成功畫像傳世有諸多版本，國立臺灣博物館館藏圖像，據考證是最接近真實的版本。（國立臺灣博物館提供）

國，對鄭家認同度很高，荷蘭人開始擔心鄭成功會攻打臺灣[2]。

在中國住了十年的耶穌會神父衛匡國[3]警告荷蘭人說，鄭成功可能撤離中國，率領艦隊前往臺灣。荷蘭東印度公司董事會因此決議，即使是和平時期，熱蘭遮城守軍人數也不得低於一千二百人。

事實上，當時鄭成功仍想在中國尋找立足點，沒考慮要攻打臺灣，鄭、荷雙方的對峙主要是貿易競爭。鄭成功起兵後，靠著鄭芝龍昔日的海外貿易管道支應龐大軍費，在杭州設山路五商，在廈門設海路五商，有仁、義、禮、智、信五個字號，每一字號下有十二艘船，共六十艘海船，分別前往東南亞、日本、大員等地貿易。

鄭成功的商船從中國出發後，先航向東南亞各地貿易，有些船會直接返回中國，有些繼續航向日本做生意，約有五十幾艘船航行在東南亞到日本長崎港的海面上[4]。

鄭成功對日本或南洋的貿易中，搶了荷蘭人的商業利益；加上占有廈門，荷蘭人對中國的貿易都必須透過他，使雙方的關係愈來愈緊張。

荷蘭東印度公司新總督馬特索科爾(Joan Maetsuycker)上任後，想削弱鄭成功的影響力，先是積極謀求與清朝通商，派遣使者帶了大批禮物到北京見順治皇帝，雖然只獲准八年納貢朝見一次，但和清朝直接接觸後，突破了原先的困局，開始向鄭成功挑戰。

有次，荷蘭派遣兩艘船到廣東試行貿易，在澳門附近遇見鄭成功的商船，攻擊並搶奪船上所有貨物。鄭成功向荷蘭人表達強烈抗議，並要求歸還貨物，荷蘭人先是極力辯解，後來雖然道歉，但只歸還部分貨品。

一六五五年，荷蘭人與鄭成功的對抗開始浮上檯面。當時鄭成功在廈門建立「思明州」[5]，與清朝的戰鬥進入白熱化，前來臺灣做生意的商船因此大幅減少。

臺灣的荷蘭官員聽說鄭成功正準備對他們進行大規模圍城戰，要求巴達維亞支援兵力和軍艦，並請求在臺灣修築更多堡壘。

那時發生鄭成功的商船在馬尼拉被西班牙人攻擊的事件，貨物被搶走、商人被殺，鄭成功寫信要求臺灣的荷蘭長官頒布他的命令：臺灣必須扣留任何前往馬尼拉的船隻，將抗命者的財產充公。最讓荷蘭人不高興的是信上說他們「舉止不像基督徒，像禽獸」；又說居住在臺灣的漢人是他的臣僕；接著說要懲罰前往馬尼拉的漢人和資助到馬尼拉貿易的人。

荷蘭人當然立刻回絕了鄭成功的要求，於是他直接寫信給臺灣大員市鎮的甲必沙們（漢商社群代表）[6]說他已接獲情報，巴達維亞的荷蘭官員想阻止他派船到東南亞貿易，不但要扣留船隻，還要沒收船上的貨物；並說如果他的船隻進出東南亞時，繼續遭到荷蘭人的毒手，就要發布「不許前往臺灣貿易」的命令，也會禁止統治下的漢人與荷蘭人交易。

這封信在臺灣漢人社區引起軒然大波，荷蘭人請甲必沙們回信解釋他們沒有蓄意刁難鄭成功的船，且荷蘭人與西班牙人已締結和約，不能攻擊在馬尼拉的西班牙人。按照主權國家原則，不能在臺灣張貼鄭成功的禁令布告，加上臺灣漢人的商船本來就很少到馬尼拉做生意，因此沒有必要特別禁止。

鄭成功收到甲必沙的信沒有立刻回覆，鄭、荷之間的衝突卻更加激烈了。鄭成功派出二十四艘船在東南亞進行大規模貿易，不但搶了荷蘭人的生意，也使臺灣的貿易大受影響。巴達維亞荷蘭官員派船艦到東南亞各港口攔截鄭成功的商船，沒收一批價值不菲的胡椒，並向清朝廷提出要幫忙剿滅鄭成功勢力，請求允許荷蘭東印度公司到廣東做生意，但當時清朝廷已決定削減沿岸貿易，因而沒有答應。

對荷蘭人的種種挑釁行動，鄭成功沒有馬上發作。隔年，鄭成功得知有臺灣漢人商賈私自到馬尼拉貿易，大為震怒，終於決定對臺灣發動「禁止任何帆船載運貨物到臺灣」的禁運令，打算讓臺灣沒有商品可交易。

一六五六年，鄭成功派信使帶著命令書抵達臺灣，要求甲必沙們向眾人宣告。命令書中，稱臺灣漢人是「我民」，對荷蘭人欺負他的子民的事很生氣；更對荷蘭人之前拒絕頒布他的「禁航馬尼拉命令」之事表示憤怒。他給臺灣人民一百天期限，一百天內，中國商船只能載運臺灣土產如鹿肉、醃魚、蔗糖往來兩岸，不能載運胡椒、丁香、鉛、錫；期限一到，船就要返回中國，否則船員和意圖收購的人要被砍頭，船貨充公。信的結尾更強調他的話「堅如金石」，不可違背。

荷蘭官員立刻將這紙命令沒收，並發表告示：此後任何人不得將外國統治者的命令書帶入臺灣，更不得頒布。下令所有城堡進入防禦狀態，並派船到澎湖偵察鄭成功的動向。

但消息顯然已經走漏，漢人貿易商相信鄭成功說到做到；接著消息傳來鄭成功逮到從臺灣前往廈門的中國船隻私藏胡椒，處死船長，砍下船員們的右手。使得漢人貿易商更為惶恐不安，紛紛開始從臺灣撤回中國大陸。

不久，鄭成功又派人帶一封信件到臺灣，內容說：帶信者將糾查出販賣胡椒等貨物到中國的漢人貿易商，一旦被查獲，他將扣留一半的貨物，並處決載貨的船長和船員。信中再度強調臺灣的漢人是自己的屬民，呼籲他們趕快回到中國，以保安全。

荷蘭官員想封鎖消息，但使者早在澎湖發布了這份命令。漢人們開始卸下滿船的鹿肉、漁獲及其他臺灣土產，甚至拒絕收購荷蘭東印度公司進口的貨物，拋售所存的外國轉口貨物，造成貨物價格瞬間慘跌。中國商船趕著在規定的百日期限內返回，不久臺灣已看不到中國商船了。

鄭成功的禁運戰略對荷蘭東印度公司造成極大危機，他們是以中國黃金購買印度棉布，再用棉布換取香料，收購不到中國黃金，等於買不到香料，整個貿易網連帶受阻。

沒有中國船來臺灣，就無法向中國出口貨物，荷蘭東印度公司倉庫裡堆滿了胡椒、錫、蘇木，以及各種要進口的東南亞與印度商品。臺灣漢人與原住民的鹿皮、鹿肉交易，以及米農和蔗農都受到打擊，漢人商店的貨架空空蕩蕩，部分漢人因此離開臺灣回到中國[7]。

部分臺灣的漢人貿易商為了突破困境，寫信給鄭成功，請求他開放對臺灣的貿易，荷蘭人派遣通事何斌[8]為特使，到廈門和鄭成功談判兩次，停航一年的禁運終於重新開放。一六五八年，荷蘭東印度公司出現了前所未有的巨額順差，臺灣貿易榮景再度出現。但一年半之後，解除危機的風雲人物何斌卻被爆出私通鄭成功，私下替他在臺灣徵收關稅[9]。何斌被囚禁、審判、撤銷通事職務和待遇，也失去漢人長老和市民的資格。

後來何斌派人探測臺南鹿耳門水道，繪製臺灣地形圖[10]，找機會逃出臺灣，投奔在廈門的鄭成功，以臺灣的富饒為誘因說服鄭成功攻打並占領臺灣[11]。當時很多漢人陸續加入鄭成功陣營，其中不少人熟悉荷蘭東印度公司的狀況；如此一來，占領臺灣的行動，僅剩時間問題而已。

鄭成功擅長海戰，進行陸上攻城時，常採取「圍城」戰略，雖可減少傷亡，但戰事時間會拉長，導致缺糧。福建因連年戰火，糧食吃緊，鄭成功北伐南京失敗，退守金門、廈門時，急著尋找能專事生產、提供補給的根據地。他看到何斌所獻的臺灣地圖，心中大喜，儘管部下不想撤離中國，也不認為臺灣可當成反清復明的基地，但鄭成功還是決定要到臺灣。

臺灣的荷蘭官員對何斌向鄭成功進言並奉上地圖一事，竟然毫無所知；何斌事件兩年後，只發覺很少有商船來臺灣，經濟逐漸凋萎，覺得臺灣最好的時代已過去，看來開始走下坡了。

一六六〇年起，漢人移民開始出售資產，將錢匯回中國，甚至連妻小家眷都送回中國了，顯然在臺灣的漢人都相信鄭成功將入侵臺灣。

同年三月初，有個甲必沙將鄭成功正準備進攻臺灣的消息轉告長官揆一[12]。揆一立刻將城堡轉為防禦狀態，發布一系列控制漢人移民的措施[13]，並請求巴達維亞調派足夠船艦、增加一千名兵員等。

巴達維亞的荷蘭官員立刻派范德朗 (Van der Laen) 率領十二艘船艦來臺，但命令是：如果鄭成功沒有立刻攻擊臺灣，就先從葡萄牙人手中拿下澳門。范德朗抵達臺灣看到一切風平浪靜，想轉向攻打澳門，但臺灣的荷蘭官員卻堅持他的艦隊必須留下來。

荷蘭人派出使臣去探詢鄭成功是否要攻打臺灣，鄭成功假意回答說他應付滿清就忙不過來了，對臺灣這個小地方沒興趣。鄭成功甚至恢復臺灣與中國的貿易往來，以消除荷蘭人的疑慮，但荷蘭評議會還是認為增援軍應該留在臺灣防禦。

范德朗非常生氣，隔年二月帶走兩艘船艦和有實戰經驗的軍官返回巴達維亞，並寫信到阿姆斯特丹的荷蘭東印度公司總部表示：鄭成功攻臺情報完全沒有根據，揆一不讓援軍進攻澳門是白白浪費金錢。信中指責揆一騷擾漢人移民，才使他們逃離臺灣。巴達維亞因此決定撤換揆一，派科連克 (Harmen Klenck Van Odessen) 前來接任。

范德朗的援軍解散後，鄭成功攻臺的最後阻力消失了，他盤算著利用東北季風結束、吹起西南季風而不利荷蘭人向巴達維亞求救時展開行動；終於在一六六一年四月二十一日率領三萬五千名軍民，分乘四百多艘船，從金門料羅灣出發前往臺灣。

大軍先到澎湖，遇到颱風連續幾天無法繼續前行；但因聽信何斌的話，以為短短幾天即可到達臺灣，沒有帶太多糧食，只好在澎湖各島嶼募集，但只湊到一些雜糧，撐不了太久，鄭成功因此決定速戰速決。

四月最後一天，天剛破曉，晨霧逐漸散去，熱蘭遮城崗哨的荷蘭士兵發現幾百艘中國帆船張滿帆航向大員，郭懷一事件發生後，謠傳了十年的鄭成功大軍果然來了。

荷蘭軍隊立刻準備迎戰，計畫當對方船隊靠近城堡的南方水道時予以摧毀，沒料到船隊趁著漲潮，從離城堡較遠的北方水道，由鹿耳門的彎曲港道進入臺江內海（現淤塞為陸地），避開熱蘭遮城砲臺的射程。鄭成功的艦隊在何斌領航下，從普羅民遮城（今赤崁樓）（圖2、3）以北七、八公里的禾寮港（今臺南永康洲仔尾）登陸[14]（圖4）。

鄭成功決定先攻下普羅民遮城，取得城中穀倉，以穩定軍心。城裡的荷蘭人缺乏火藥和飲水，第五天就投降了。住在臺江周邊、與荷蘭人最親近、深受教化的原住民，也沒

圖2 普羅民遮城（赤崁樓）原貌
（攝於臺南赤崁樓）

圖3　普羅民遮城稜堡殘蹟

郭懷一事件發生後，荷蘭人在普羅民遮街北方建造普羅民遮城。城建好之後，在城堡東方分別興建臺灣街（今臺南延平街一帶）與普羅民遮街（今臺南忠義路）。這座城堡的建造不像熱蘭遮城一樣屬於堅固的建築，只是針對武裝薄弱的農民所興建，屬城壁較薄的城樓，對防禦火砲並不特別有效，但花費相對較低。因此鄭成功率軍入侵時，輕易地攻下此城。後來鄭成功改為東都明京，設承天府衙門，一般稱為赤崁樓。

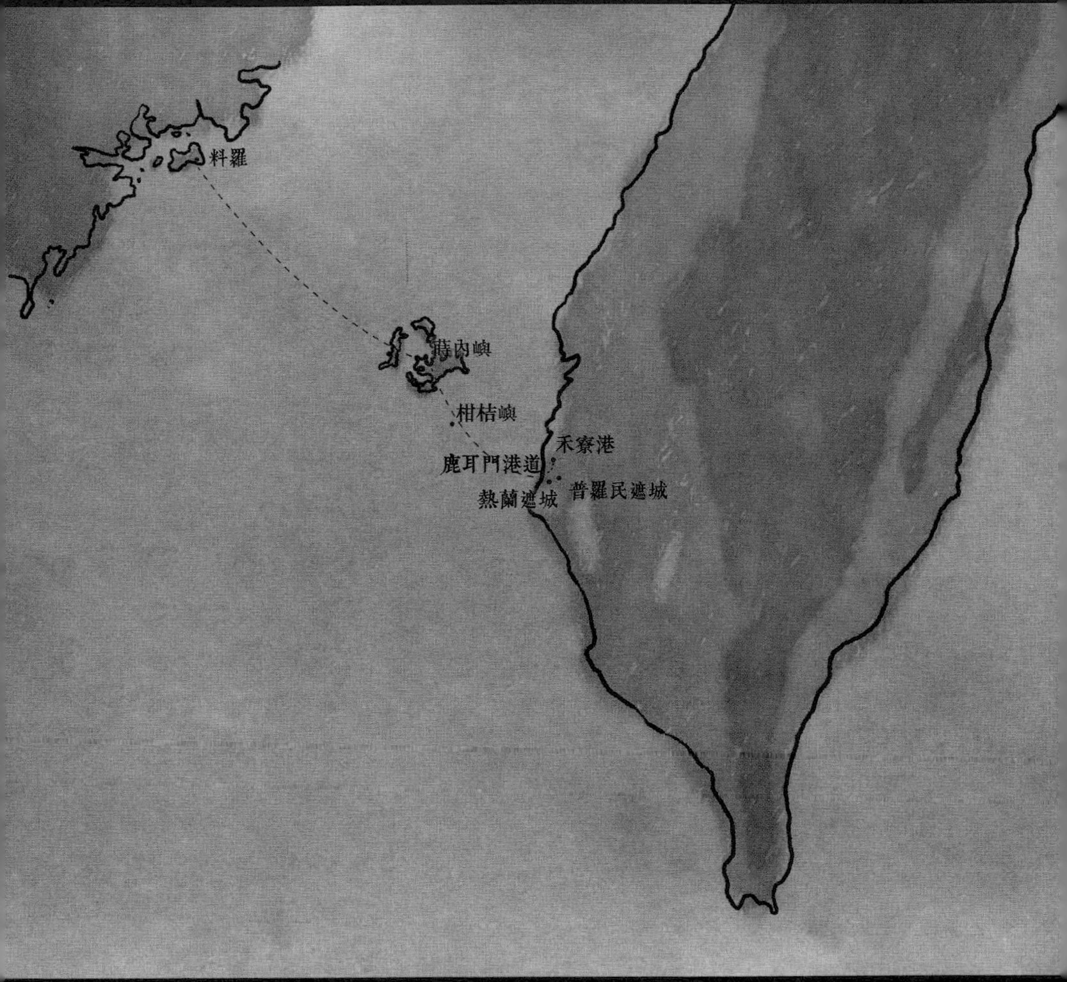

圖4 鄭成功登臺路線

有抵抗，反而紛紛投降，鄭成功的部隊完全占了上風。

荷蘭人為免熱蘭遮城的糧食也被鄭成功軍隊掠奪，下令大員市鎮的人集中到熱蘭遮城堡，放火燒了市區。鄭、荷雙方爆發戰鬥，大員市鎮內來不及燒毀的金銀及生活用品都被鄭軍占有。

揆一堅守熱蘭遮城，鄭成功要荷蘭牧師亨布魯克前往勸降[15]，揆一仍拒絕投降，鄭成功於是發動攻擊，卻失利了。他研判此時海上風向吹西南季風，荷蘭人無法向巴達維亞求救，不可能有援兵來到，決定繼續圍城，以免耗損兵力。

但圍城需要更多軍糧，鄭成功就分派軍隊到各地開墾，主要種植好收成的番薯；但因開墾侵犯到原住民的生活領域，造成彼此的衝突。如此困窘和缺糧的情形，與何斌形容臺灣「五穀豐饒」的落差極大，讓鄭成功對何斌極為不滿。

擅於航行的荷蘭人出乎鄭成功的意料之外，即使在風向不利的狀況下，求援船還是想辦法抵達巴達維亞，荷蘭東印度公司立即派快艇去追六月出發到臺灣接任長官的科連克，快艇尚未趕到，科連克已在臺江入口被鄭成功的戰船攔阻，遂揚帆開往日本。這時，巴達維亞的救援船隊抵達臺灣，由於海象惡劣，拖延了一些時間才將七百名士兵送入熱蘭遮城。

鄭成功看見荷蘭救援船隊抵達，怒火中燒，取得臺灣完全不像何斌形容的易如反掌，於是下令褫奪何斌的官爵，將他丟到小草寮，並下令如果有人敢去探望，將處以死罪。

鄭成功其實大可不必發那麼大的脾氣，救援軍才七百人，又不熟悉臺灣的情況，根本不是對手，況且救援艦隊司令卡烏 (Jacob Gauw) 與臺灣的荷蘭官員不合，本來荷軍要與清軍聯手夾擊鄭成功，但卡烏竟在與清軍會面的當頭，帶著七百名援軍掉頭返航巴達維亞。這下子，守在熱蘭遮城的人還能盼望什麼？

雙方僵持了近九個月，已到年底，熱蘭遮城裡虔誠祈禱的荷蘭人，沒得到上帝的救贖；反而是異教徒鄭成功彷彿得到神助，有位荷蘭士兵前來投靠，給了鄭成功關鍵性軍事機密：只要占領地勢高於熱蘭遮城的烏特勒支堡[16]，就可攻破荷軍防線。於是鄭成功在烏特勒支堡山丘附近建了三座砲臺，架設二十八門大砲。荷蘭人發覺後，竟連驅趕的軍隊都湊不齊，只能任由鄭成功建砲臺，束手無策地等著被攻城了！

隔年一月二十五日，鄭成功軍隊從烏特勒支堡北、東、南三面發動砲轟，一天之內發出二千五百發砲彈，幾乎將烏特勒支堡夷為平地。荷蘭守軍被迫棄守撤退，離開時還留下最後的陷阱，數小時後引爆引信，炸死五十多名鄭軍士兵，碉堡全毀。這是最慘烈、最關鍵的一次戰役（圖5）。

接著，鄭成功順勢將陣地往前移，準備從高點砲轟熱蘭遮城，熱蘭遮城內的荷蘭人士氣至此徹底瓦解，決定交出城堡，並派出代表與鄭成功談判。二月一日鄭、荷簽定和約，十六天後，荷蘭人帶著家眷、財產，分乘八艘大船離開臺灣，結束三十八年對臺灣的統治。

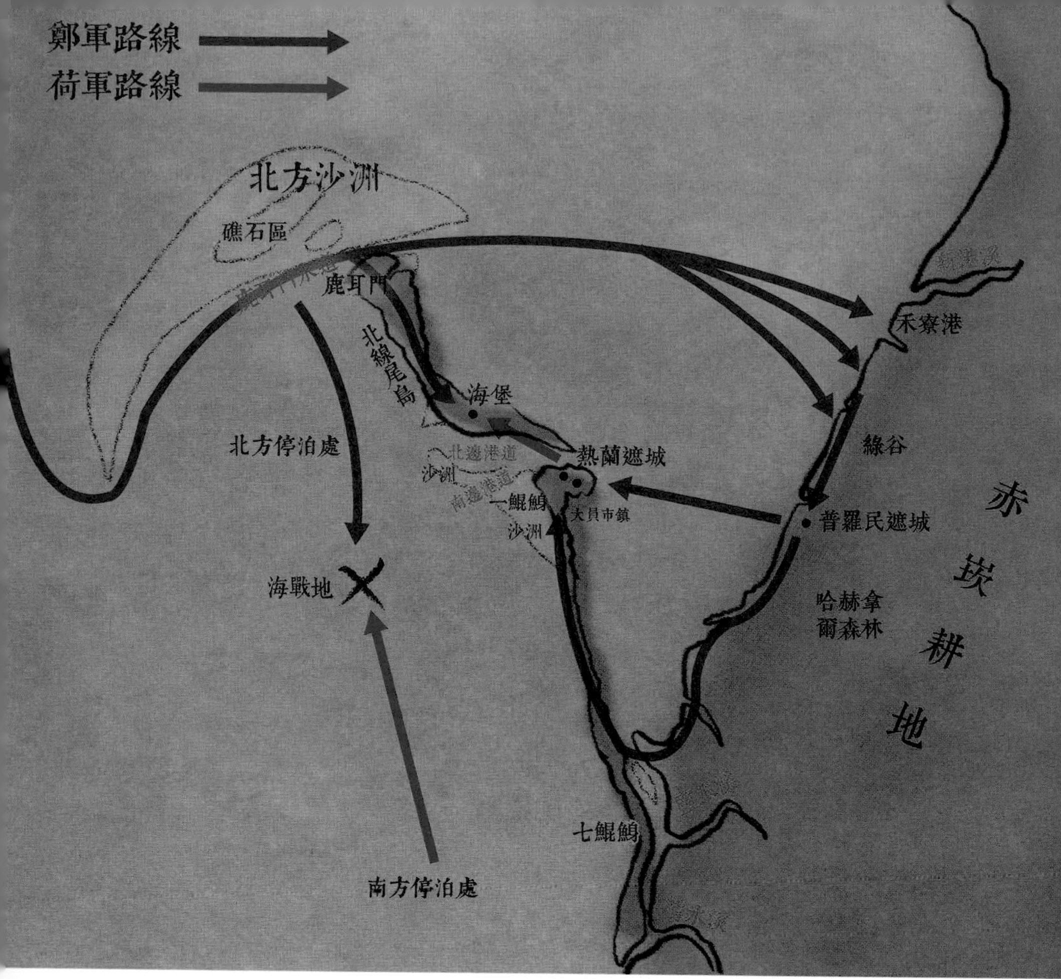

圖5　鄭、荷交戰圖

當初荷蘭人是以經濟目的留在臺灣，鄭成功的經濟封鎖戰略，使荷蘭在臺灣的經濟利益嚴重衰退。等到鄭成功進攻臺灣時，巴達維亞僅派出了無太大助益的援救軍隊，顯然已認為臺灣不再有經濟價值。可見，經濟封鎖的戰略成功，是鄭成功趕走荷蘭人的重要關鍵。

附註

1. 歐洲在亞洲的殖民者對漢人移民多抱著疑慮態度，例如菲律賓馬尼拉在西班牙人的統治下，曾發生多次華人大屠殺事件。
2. 翁佳音教授指出，當年鄭芝龍、鄭成功父子及福建、廣東沿海地方武官的認知中，臺灣雖非中華帝國的版圖，但與菲律賓同屬中國沿海武職官員徵收洋餉（船隻領出海執照時繳納的稅銀）的區域，稅收按船隻大小抽四至二十兩。鄭家對臺灣的收稅權，聲稱是一六四三年向廈門、金門官員李爺(Lya)購買的，當時明朝已滅亡，以鄭芝龍的勢力，稅收自然歸他所有，既有收稅權，當然視臺灣為他家所有。
3. 衛匡國神父一六一四年出生於義大利，一六四〇年前往中國，一六五〇年從福建啟程，經澳門搭上葡萄牙船隻，準備前往羅馬，途中被荷蘭東印度公司戰艦攔截，送往巴達維亞。他提供了寶貴的資料，巴達維亞讓他隨一六五三年的歸國艦隊一起返航，還給他一百銀元賞金。
4. 根據荷蘭東印度公司報告：一六五四年十一月三日至一六五五年九月十六日，從各地抵達長崎貿易的中國商船共五十七艘，幾乎全屬於鄭成功的船隊。
5. 一六五〇年（清順治七年）鄭成功駐兵廈門，一六五五年設置思明州，一六八〇年（康熙十九年）廢除。
6. 大員市鎮的漢商社群代表稱為「甲必沙」(Cabessa)，是「頭」之意，類似中國保甲制度的甲長或保正。甲必沙是由社區公推出最富有和聲望最卓著的人，擔負起徵稅與守望治安的責任。他們經營對中國的貿易，和福建商人的聯繫密切，同時涉入荷蘭人在臺灣經營的事業，甚至進入荷蘭東印度公司的市參議會。
7. 禁運後，漢人移回中國大陸的狀況，按大陸學者楊彥杰的觀點是：「臺灣移民紛紛返回大陸」；按臺灣學者鄭惟中的觀點則是：「聽從鄭成功布告回中國的漢人只占居留臺灣人口的一成」，可知居住在臺灣的漢人（尤其是商人），並不全然都接受鄭成功支配。
8. 何斌又名何廷斌，福建南安人。隨鄭芝龍到臺灣時，荷蘭人已占領了臺南赤崁，何斌改信基督教，學習荷蘭語，並被荷蘭人聘為通事，也是荷蘭人與鄭成功聯繫的重要人物。他在赤崁附近種植水稻，也是徵收稻作稅、衡量稅等的稅收代表。
9. 究竟何斌在臺灣徵收多少稅，按鄭成功的財政官員楊英的紀錄是「每年近萬餘兩」。而何斌在臺灣幫鄭成功徵稅，一說是臺灣長官揆一默許的；另一說是何斌私人與鄭成功之間的通敵行為，而荷蘭人應該早知鄭成功把資本交給何斌收購軍用物資。
10. 江日昇《臺灣外記》記載：何斌密令小通事郭平去探測鹿耳門水道，並繪製臺灣地形圖。這份地圖內容與形式已不可考，據《地圖臺灣導覽手冊》說明，應如一六六四年鄭經時代的〈明鄭臺灣軍備圖〉，把臺江內海一帶畫得非常清楚。
11. 何斌告訴鄭成功：「臺灣沃野數千里，實霸王之區，若得此地，可以雄其國；使人耕種，可以足其食。上至雞籠、淡水，硝磺有焉。且橫絕大海，肆通外國，置船興販，桅舵、銅鐵不憂乏用。移諸鎮兵士眷口其間，十年生聚，十年教養，而國可富、兵可強，進攻退守，真足與中國抗衡也。」並說：「土番受紅毛之苦，若天威一指，唾水可得。」
12. 安平古堡與赤崁樓的揆一像，翁佳音教授考證文獻指出非為揆一，而是審訊並流放揆一的巴達維亞荷蘭總督馬特索科爾。現存史料中查無揆一的圖像，因此出現以訛傳訛的狀況。

13. 命令將各地漢人移民遷移到赤崁地區，不許隨意到海面活動，禁止到北港和更北的地方去捕魚，所有漢人船隻都要由荷蘭東印度公司監管。公司船艦在海峽碰到中國帆船，可以逮捕船員審訊情報。自行前往臺灣的中國帆船不許返航，船員與乘客也不許與臺灣的漢人接觸。

14. 翁佳音教授指出過去研究者大致參考清代方志、輿圖，認為禾寮港在今臺南市西門路三段的三山國王廟或裕民街三老爺宮附近，即是由以前的德慶溪登陸赤崁樓北側或東北側，距離赤崁樓僅數百公尺；但若鄭成功軍隊在此登陸，有被荷軍砲擊的危險，因此最可能的登陸位置應該是距離赤崁樓七、八公里，舊名為「下寮港」或「蚵寮港」的今臺南市永康區洲仔尾一帶。

15. 其事蹟參見1.西方人如何認識臺灣。

16. 一六三九年荷蘭人為了加強熱蘭遮城的安全性，於城西南方高地建了烏特勒支堡(Fort Utrecht)碉堡，以居高臨下之勢，保衛熱蘭遮城。碉堡所在的高地，安平人稱為湯匙山，目前是安平第一公墓用地，碉堡已無跡可尋。

今昔地名對照	
大員	今臺南安平
熱蘭遮城	今安平古堡
普羅民遮城	今赤崁樓
禾寮港	今臺南市永康區洲仔尾
承天府	今臺南

大事記

1639 ■荷蘭人在熱蘭遮城外高地興建烏特勒支堡

1646 ■鄭芝龍投降清朝

1652 ■郭懷一事件發生，農民群起反抗荷蘭人

1656 ■鄭成功對臺灣實施禁運令，臺灣經濟陷入蕭條

1657 ■通事何斌居中協調，禁運令解除

1659 ■何斌投奔鄭成功，獻上臺灣地圖

1660 ■揆一向巴達維亞請求增兵援助

1661 ■二月，范德朗帶走援兵

四月二十一日，鄭成功率軍從金門料羅灣出發，隔日抵達澎湖

四月三十日，鄭軍抵達鹿耳門外港，衝過荷軍防線在禾寮港登陸，直逼普羅民遮城

五月四日，普羅民遮城的荷蘭守將棄城投降

1662 ■一月二十五日，鄭成功軍隊砲轟烏特勒支堡

二月一日，熱蘭遮城的荷蘭人投降，與鄭成功簽訂締和條約

7

鄭經和英國人

你以為：十七世紀時，英國人和臺灣沒有任何關係

事實是：鄭經帶著英國人從臺灣到中國，導致後來的鴉片戰爭

十九世紀中，英國對中國發動鴉片戰爭，戰後中國簽下第一個不平等條約——《南京條約》，將香港割讓給英國。

這段英國強賣鴉片的歷史，讓人印象深刻，卻很少人知道英國人得以進入中國的關鍵人物竟是鄭成功的兒子鄭經。鄭經主動邀英國人到臺灣做生意，六年後，英國人跟著鄭經進入廈門，打開夢寐以求的中國市場。

十六世紀，葡萄牙、西班牙、荷蘭與英國等歐洲國家開始在海上進行商業競逐，原是葡萄牙、西班牙占上風，十七世紀時荷蘭轉強，十八世紀則被英國超越。

十七世紀，東亞貿易市場上，中國和日本是歐洲人最為覬覦卻難以進入的兩個重要國家，而和中國、日本最接近的臺灣，便成為歐洲國家方便取得中國絲綢、瓷器、和日本金、銀、銅等貨品的據點。

鄭氏據臺以後，清朝廷先是實施海禁，後來甚至頒布「遷界令」，要求住在浙江、福建、廣東三省距海三十里（十八公里）以內的居民，一律往內陸遷徙，隨後焚毀村莊，使鄭經無法靠沿海居民補給軍需，遂不得不放棄原先據點，撤退到臺灣。

為開闢財源，鄭經以臺灣為據點，和日本、東南亞各國，甚至和英國等進行國際貿易。商場上沒有永遠的敵人，為了做生意，曾和鄭家敵對的清朝廷、荷蘭、西班牙，鄭經都一一破冰。

他先買通清朝官兵、與山寨賊合作，搶占中國沿海的廈門等島嶼，做為中國物資集散地；接著寫信給被父親鄭成功趕走的荷蘭人，請他們盡釋前嫌到臺灣做生意，甚至願意送回被扣留在臺灣的荷蘭人[1]。荷蘭人表面上以與清朝同盟為由拒絕，其實從鄭經退到臺灣那年開始，荷蘭人占據雞籠設立商館，和鄭經生意往來已有四年時間。

被西班牙占領的菲律賓，因鄭成功曾派使臣招降，使西班牙和鄭家形成敵對關係[2]。後來，鄭經派人率團出使並修復關係，開始與馬尼拉進行貿易。

至於日本，早在鄭經的祖父鄭芝龍時代，為了支援戰爭需要，就大量進口銅、鉛、盔甲；

圖1 鄭氏貿易區域圖

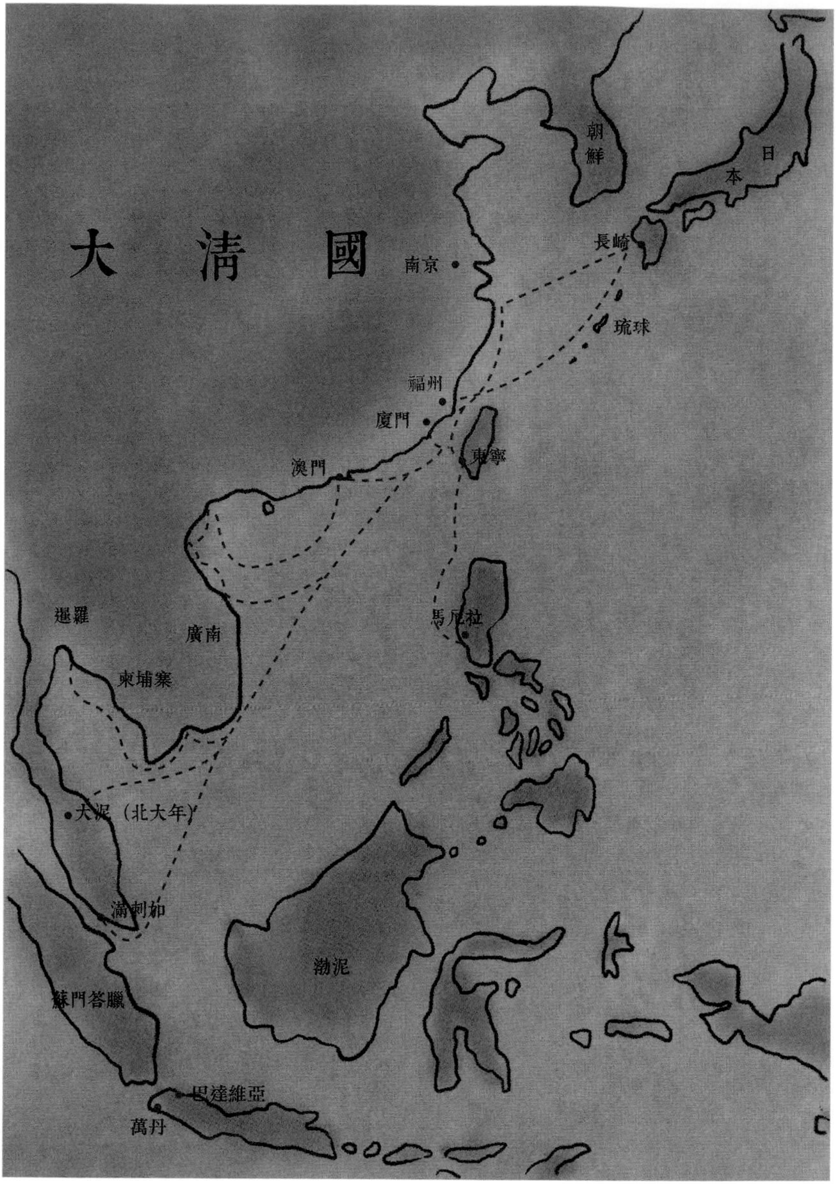

朝鮮
日本
大清國
南京
長崎
琉球
福州
廈門
東寧
澳門
馬尼拉
暹羅
廣南
東埔寨
大泥（北大年）
滿剌加
渤泥
蘇門答臘
巴達維亞
萬丹

到了鄭經時期，臺、日的貿易量更達到高峰，鄭經還允許日本商人住在雞籠，並設立商號，以利雙方貿易。

鄭經也經營三角貿易，把臺灣的糖及鹿皮賣到日本，賺取一到二倍的利潤，並轉賣日本海產、銅、毯子到東南亞，再將東南亞香料、胡椒轉賣到日本（圖1），當時臺灣經濟因而相當繁榮。

英國東印度公司[3]就是鄭經為了拓展貿易對象、主動對外招商邀請而來。

十七世紀初期，英國東印度公司原本在今印尼萬丹設立商館，但因東南亞各據點陸續虧損，資金及武裝力量都無法和荷蘭競爭，只好結束暹羅、香料群島（摩鹿加群島）、巴達維亞三個據點，把經營重心轉移到印度和波斯（今伊朗）。

英國在日本平戶的商館，也因競爭不過荷蘭，開館十年後撤館，停止對日貿易。對中國貿易也不順利，明朝末年有英國人率領四艘船打開直接通航的道路，只短暫獲准通商，不久就被取消。後來英國人在澳門、廣州做過幾次貿易，卻被葡萄牙人阻止，也得不到華人的協助。

到了十七世紀中期，開始有了轉機，英國三度打敗荷蘭[4]，逐漸取代荷蘭的海上霸權。東南亞方面，繼任的萬丹統治者為反抗荷蘭人，積極招攬華商、印度商人以及歐洲商人到萬丹，使英國東印度公司在東南亞的商業勢力轉強，並重開日本商館，推銷英國毛織品，買進日本白銀。

此時，英國東印度公司萬丹分公司收到鄭經的邀請函，英國人評估如果能透過臺灣和中國、日本、馬尼拉建立通商關係，當然值得前來。

早在荷蘭人占領臺灣後，蘇格蘭人威廉・甘伯爾 (William Cambell) 即建議英國應該在臺灣設立基地，與中國展開貿易，曾為荷蘭人服務的甘伯爾表示願意幫忙實行這個計畫。當時英國因資本不足，無法立刻在臺灣設商館，但仍聘甘伯爾作為商務員，開始注意對臺灣貿易。

荷蘭人撤離臺灣八年後，英國東印度公司應鄭經之邀，來到臺灣。當時鄭經希望突破財務瓶頸，英國則想打開和中國、日本的貿易管道，雙方一拍即合。

一六七〇年六月二十三日，英國東印度公司派了兩艘船[5]，載著東南亞等地的貨物及禮物，首次來到臺灣。三天後謁見鄭經，萬丹英國商館經理寫給鄭經的信函上表明英國人與荷蘭人不同，希望鄭經准許英國人來臺灣貿易和開設商館。

鄭經盛大款待英國人，回贈禮物，雙方的洽商顯然相當愉快，二個多月後訂定臨時通商協議[6]。鄭經要求英國人一年付五百銀元[7]，租用前荷蘭市政廳舍作為商館。為了鼓勵英國人將臺灣商品出口到國外，出口可以免稅，進口商品賣出後要繳三%的稅。

基於軍事和貿易需求，鄭經希望英國可以供應火藥等武器及鐵、胡椒、織品、珊瑚、琥珀、白檀等物品給臺灣；英國人必須派一名鐵匠在臺灣製造槍砲，同時派駐兩名砲手為鄭經服務。英國人則希望獲得自由貿易的權利，計畫設置商館之後，將臺灣的鹿皮、砂糖賣到日本及馬尼拉等地。

鄭經對第一次來臺灣的英國人相當優待，免收商館第一年租金，也不課徵英國貨物關稅，還全數買下英國人離開時沒有賣出的貨物。英國人很高興終於突破荷蘭人的攔阻前往臺灣，甚至可以開始進行貿易、設立商館。

臨時通商協議訂定後兩年，英國東印度公司又派三艘船抵達臺灣，開設臺灣商館，雙方正式簽訂通商條約。自第一次來臺後，兩年期間共派了六艘船來臺灣[8]，可見他們對此事的重視。除了重申自由貿易、要求可以自由進入臺灣各港灣，另提出要將臺灣的砂糖和各種皮革年產量三分之一供應給英國人。

但是通商條約中，鄭經給英國的條件比臨時通商協議縮水了；英國也取消鄭經原先的軍需品要求，甚至鄭經想留用的人員，也要經過英國同意。

即便如此，英國東印度公司仍希望透過臺灣和日本通商，因此請求鄭經向日本關說，來臺灣簽訂通商條約的人員中，也早已選出打算派往日本的人員。只是在臺灣時遇到颱風，加上因故耽擱，只好留在澎湖過冬，英國船隻直到一年後才到達日本長崎。

英國東印度公司這趟日本行並不順利，帶去的英製毛料完全不符合日本國情，荷蘭人

圖2　二〇〇四年的廈門港

鄭經在反清戰爭初期頗為順利，占有了廈門，英國人也隨著派一艘船到廈門，終於得以如願進入中國的領土。

又從中阻撓；加上日本嚴禁天主教，英國國王查理二世(Charles II)的王后是信奉天主教的葡萄牙公主凱瑟琳(Infanta Catharine)，因此無功而返。英國既無法和日本恢復貿易，也開始對臺灣貿易顯得興趣缺缺；此後兩年，英國沒有任何船隻來到臺灣。

後來英國與荷蘭簽訂和約，也就是鄭經和英國簽訂通商條約三年後，英國東印度公司重燃對臺灣和日本貿易的野心，又派了一艘英國船來到臺灣，仍希望透過鄭經與日本斡旋，推銷英國毛織品。當時鄭經剛參加三藩之役的反清行動，這艘英國船載有所需的槍砲火藥，遂與英國人改訂協約，增訂英國船隻應運銷毛瑟槍、鐵、胡椒等貨物，而鄭經必須尊重英國有權決定貨品價格。

之後三年間，英國有三艘船來到臺灣，鄭、英貿易達到另一波高潮。鄭經在反清戰爭初期頗為順利，占有了廈門。一六七六年，英國人隨著派一艘船到廈門（圖2），終於得以進入中國領土；隔年，開設廈門商館，英國人開始和清朝廷交涉，打算在清軍占領的泉州、福州、廣州等地通商，同時英國人已能拿到中國絲、瓷器、茶葉等貨物運到歐洲，數量更是持續增加。

英國東印度公司既然在廈門設立了商館，臺灣商館遂逐漸被邊緣化，甚至決定撤銷臺灣商館，不過因為鄭經積欠英國債務[9]，仍派人駐守臺灣商館。

後來鄭經的反清戰役開始節節敗退，清軍攻陷廈門，鄭經退回臺灣，英國的廈門商館也不得不暫告一段落。因鄭經對英國人在臺灣的貿易控制愈來愈緊，英國人無法自由貿易[10]，雙方關係幾近破裂。鄭經退回臺灣一年後過世，英國船隻在這段期間沒有再到臺灣，卻仍有五艘船到廈門。

兩年後，施琅（圖3）攻打澎湖，獲知鄭克塽確定投降的消息後，英國東印度公司駐臺灣商館人員很緊

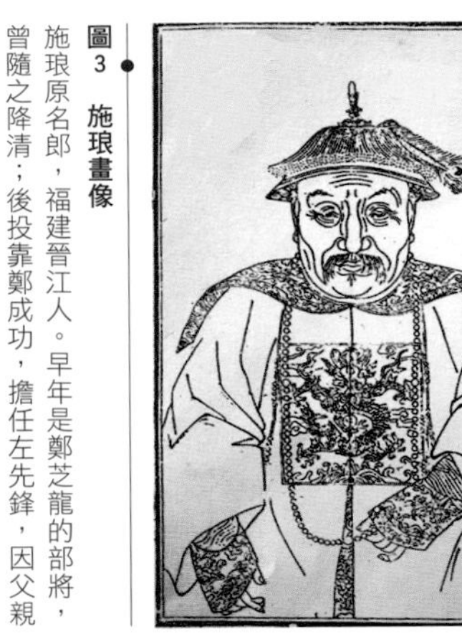

圖3　施琅畫像

施琅原名郎，福建晉江人。早年是鄭芝龍的部將，曾隨之降清；後投靠鄭成功，擔任左先鋒，因父親與兄弟為鄭成功所殺，一六五一年再次降清，是明鄭降將中主張用武力剿滅鄭氏最激烈者，但不受重視。直到一六八一年，康熙皇帝成年主政後，採納姚啟聖和李光地的建議，起用施琅出任福建水師提督一職，一六八三年出征臺灣。（第十八代孫施永龍先生提供）

張，幾次派人到澎湖和施琅商談。施琅簽發一紙命令，讓他們張貼在商館牆上，以免遭到清朝士兵侵擾。

等到施琅來臺灣後，先是威脅英國人違法供給武器彈藥給鄭經、對清朝皇帝抱有敵意，要將他們下獄；要英國人繳出目前存放於商館的全部商品明細，且需繳兩千五百兩作為佣金，他就會向清朝廷說好話免去他們的罪行，而康熙皇帝若想跟任何歐洲人從事交易，英國人也能透過他享受到利益；但若英國人拒絕，就沒收一切財產，把他們交由朝廷處置。基於恐懼，英國商館人員只好乖乖奉上這筆佣金。

鄭克塽率眾回到中國大陸後，施琅參與了臺灣善後處理事務，開始籌劃讓英國東印度公司在福建籌設商館，為了隱瞞英、鄭雙方通商的事實，施琅命手下擬了一封信說這些英國商館人員是海難中漂流到廈門，之後逃抵臺灣，生活很辛苦。他要求英國商館人員在信上簽名，以便送交康熙皇帝。

施琅讓福建總督姚啟聖將這封信轉給康熙皇帝，再讓英國人以感謝救助為由，透過福建向北京朝貢。最終待北京認可，建立合法的貿易關係。

這個計謀卻遭到姚啟聖反對，加上後來康熙確定開放海禁，派遣戶部人員前來管理稅務機關，施琅連忙將已重返廈門開設商館的英國人趕走，英國人一離開商館，原地立即轉設為廈門稅務機關，以掩蓋施琅走私貿易的事實。

最後，英國東印度公司不但沒有討回鄭經積欠的龐大債務，廈門和臺灣的商館又被清軍占據，在臺灣開設十二年的英國商館在一六八四年封館，被迫撤離。

英國既然透過鄭經到了廈門，並打開與中國貿易的大門，到口的肥肉當然不會輕易放棄，因此仍繼續在廈門、廣州和澳門尋找做生意的機會。英國的臺灣商館封館十五年後，英國商船邁克萊斯菲號終於到了廣州，直接將中國的絲、茶和瓷器出口到歐洲，後來更在廣州設立商館[11]，定期貿易期間，英國商人被允許長住廣州，非貿易期間則居住在澳門。

十八世紀二〇年代前後，茶葉取代絲織品，成為中國第一大出口商品，英國東印度公司則全力經營茶葉的出口。十八世紀中葉，英國在中國的貿易量已超過了西方各國的總和。一八三四年，英國東印度公司的獲利已全部仰賴中國茶葉的貿易，而茶葉的獲利占英國國庫總收入十分之一。不過這一年，英國決定廢止以貿易利益為考量的東印度公司在中國的商業專利權，改由以國家主權、外交地位平等為考量的英國政府與中國接觸。

有了國家力量的支持，英國持續擴大在中國的貿易量，甚至走私鴉片，後來因欽差大臣林則徐銷毀英國商人的鴉片，英國對中國發動鴉片戰爭[12]；清朝廷戰敗後，香港島成為英國殖民地。戰後，西方列強跟隨著英國的腳步，開始不客氣地蠶食鯨吞中國領土。

回顧英國和鄭經貿易的十幾年，表面上看來，像是做了一筆蝕本生意，英國人無法在臺灣自由貿易，反而讓鄭經坐收關稅，甚至被倒債；也無法透過臺灣與中國、日本直接貿易。但因為鄭經，英國人才有機會來到臺灣與廈門，並獲得中國絲、瓷器、茶葉等商品。臺灣史學家曹永和教授認為，英國在臺灣和廈門短短十幾年的經驗，對十八世紀英國崛起具有重要意義。如果沒有鄭經，英國人未必能在十七世紀進入中國，並逐步壯大經濟勢力。

早知道事情會這樣發展，清朝廷應該會後悔的。清朝廷逼得鄭經必須拓展國際貿易，而主動邀英國人來臺灣。英國強大後，清朝廷因此遭遇鴉片戰爭、《南京條約》等禍害。這算是事後諸葛的後話了，歷史最大的殘忍，就是沒有「早知道」！

附註

1. 一六六二年鄭成功究竟扣留多少荷蘭人在臺灣？有學者估算約一百人，有人認為高達三千人。學者康培德認為荷蘭東印度公司派駐臺灣的部隊，從不曾達到三千人，因此不太可能有三千人留在臺灣。另參見11.臺灣棄留。
2. 西班牙於一五六五年開始殖民統治菲律賓，一六〇三年和一六三九年曾發生兩次屠殺華人移民事件，死亡人數高達五萬餘人。一六五七年，鄭成功曾計畫透過貿易斷絕與出兵來懲罰西班牙人。一六六二年，鄭成功統治臺灣後，透過義大利籍神父李科羅 (Victorio Rici) 向菲律賓的西班牙總督遞交國書，譴責其殺戮掠奪華僑的罪行，令其「改邪歸正，俯首納貢」，西班牙人反而因此在馬尼拉進行了第三次對華人的屠殺。鄭成功聞訊大怒，決定揮師征討，為華人報仇；但尚未出兵，得知兒子鄭經在廈門與乳母陳氏的不倫戀，勃然大怒，命部將鄭泰斬殺鄭經，鄭泰因不忍而抗命。鄭成功盛怒之下染病，不久即過世。
3. 英國東印度公司成立於一六〇〇年，為了拓展東南亞貿易，組成東南亞遠航隊，一六〇二年來到蘇門答臘的亞齊 (Ajeh)、爪哇的萬丹，獲得萬丹蘇丹的允許，設立萬丹商館，積極向東南亞各地區發展。

4. 英國在一六五二、一六六五、一六七二年對荷蘭之戰，接連獲勝。

5. 參見註8，為了通商順利，特派華人船長蘇克（珍珠號）及八名華人前來。

6. 一六七〇年九月十日簽訂，主要內容有：
(1)海上掛有英國旗幟的船隻，允許自由貿易。
(2)英國人可以載運鹿皮、砂糖以及其他臺灣產物到日本、馬尼拉或其他地方。
(3)可選用自己的通譯、書記，不受監視，享有行動自由。
(4)國王（鄭經）或其他商人出售貨物依照時價交易。英國人可以輸出黃金和白銀。
(5)英國人可以隨時撤銷商館，運走其財物。
(6)英國人一週可宰一頭牛，其他糧食可隨意購用；國王（鄭經）所購貨物免繳關稅，輸入食米免稅。

7. 當時臺灣通用貨幣是西班牙銀元。鄭經向英國購買火繩槍一鋌是四銀元，賣出一百張鹿皮是二十銀元，五百銀元租金相當於二千五百張鹿皮。

8. 英國東印度公司駛抵臺灣船隻請見下表。安平港口沙灣多而水淺，進港船隻不能太大，吃水不能太深。後來製造的福爾摩沙號、臺灣號，就是專為臺灣貿易建造的船隻。有雙層甲板，吃水九尺以下，不超過一百噸，載乘十五人以下，裝備砲六尊以下。

<table>
<tr><th>年代</th><th>船數</th><th>船名</th></tr>
<tr><td>1670</td><td>2</td><td>萬丹號、珍珠號</td></tr>
<tr><td>1671</td><td>1</td><td>駱駝號</td></tr>
<tr><td>1672</td><td>3</td><td>駱駝號、實驗號、
歸航號</td></tr>
<tr><td>1675</td><td>1</td><td>飛鷹號</td></tr>
<tr><td>1676</td><td>2</td><td rowspan="3">忠告號 (1676-1678)
福爾摩沙號 (1676-1677)
臺灣號 (1677)
歸航號（1676 直接去廈門）</td></tr>
<tr><td>1677</td><td>3</td></tr>
<tr><td>1678</td><td>1</td></tr>
<tr><td>1682</td><td>1</td><td>肯特號</td></tr>
<tr><td>共計</td><td>14</td><td></td></tr>
</table>

（資料來源：賴永祥，〈臺灣鄭氏與英國的通商關係史〉，頁二十九至三十。）

9. 鄭經參與三藩反清行動後，因清朝實施遷界，使鄭氏糧食徵收困難，一六八〇年退回臺灣，政治經濟幾乎面臨崩潰，根本無力償還英國商館的欠款。

10. 此時鄭經徹底實施國營貿易制。英國希望以合理價格購買臺灣的砂糖、鹿皮和銅，都受到控制，英國人企望的自由貿易僅出現在紙上。

11. 關於英國在廣州設立商館時間的說法不一：有明鄭滅亡隔年的一六八四年，也有一七一四年、一七一五年等說。

12. 英國不承認是為「鴉片」發動戰爭，而稱為「商務戰爭」。

大事記

1655-1675 ■清朝廷五度下海禁令

1662-1678 ■清朝廷三度下遷界令

1662 ■鄭成功逝世，鄭經在廈門繼位

1664 ■鄭經退守臺灣；荷蘭人在基隆設立商館

1670 ■英國船初次來臺灣，訂定臨時通商協議

1672 ■鄭經與英國人正式簽訂通商條約，設臺灣商館

1675 ■鄭經與英國人改訂協約

1676 ■英國船跟著鄭經進入廈門，首次踏上中國領土

1677 ■英國人在廈門設商館

1680 ■清軍攻陷廈門，鄭經退回臺灣，英國廈門商館暫停

1681 ■鄭經逝世，鄭克塽繼位

1683 ■施琅出征臺灣，鄭克塽投降清朝

1684 ■清朝治理臺灣，英國臺灣商館封館

1699 ■英國船到廣州直接出口絲、瓷器、茶葉

1834 ■英國決定以主權政府與中國接觸

1840-1842 ■英國對中國發動鴉片戰爭

8

兩岸諜對諜

你以為：兩岸政治諜對諜是從一九四九年以後才開始

事實是：明鄭時期，兩岸間的政治諜對諜就已然存在

國民政府撤退到臺灣，兩岸之間存在著諜對諜的政治鬥法。一九四九年起，陸續有軍人從臺灣投誠大陸，曾有人拿到二千五百兩黃金的獎金；而一九六一年起，前後有十六名大陸反共義士來臺，政府共支出將近五萬兩黃金獎賞這些義士們，換算成新臺幣應有十億元左右。其中駕米格二十一型飛機投誠者，更是領到七千兩黃金，三十年前市值達一億元，可在臺北市精華地段買下好幾棟豪宅。

這種臺灣和大陸諜對諜、人員投奔對方陣營的戲碼，早在三百年前，鄭成功東渡臺灣到鄭克塽投降滿清的二十二年間，就屢見不鮮了。

鄭成功進入臺灣時，清朝隨即施行一道對鄭家極具殺傷力的「遷界令」[1]。這個堅壁清野的策略實施得非常徹底，目的是讓鄭成功糧餉物資來源枯竭，最後迫使其山路五商、海路五商無法經營。少了海外貿易收入支應軍費，經濟愈來愈困頓，只好在臺灣努力開拓耕地、發展農業[2]，但農業收入遠不如海上貿易，鄭家終究無法再與清朝廷相抗衡了。

提出高見策略的是原鄭成功陣營將領黃梧，他在清朝廷對鄭成功部屬提出優遇的招降條件時[3]，獻出鄭方重要基地海澄（今福建龍海市）投降[4]。因黃梧熟知鄭軍內情，向清朝廷指出：「鄭成功之所以能夠守金、廈彈丸之地與清朝廷對峙，是因有沿海人民接濟糧餉、油、鐵、船。」此一建議果然重重打擊了鄭家命脈。

黃梧投降清朝後，招降鄭方官員二百多人、士兵幾萬人，使鄭成功北上的計畫受阻，大大助長了清朝的實力。康熙皇帝特別封他為海澄公，位居一等公，是明鄭降將中職位最高的，子孫可享有世襲十二代的賞賜。

一六六二年趕走荷蘭人後，年僅三十九歲的鄭成功病逝臺灣，遺命竟是賜死兒子鄭經，他的驟逝引發鄭氏內部權力出現真空。

鄭成功的部將黃昭在臺南擁立其同父異母的弟弟鄭襲，繼位為延平王；在廈門的鄭經則拉攏掌握海軍的都督周全斌，以正統自居；位於金門的元老重臣鄭泰（鄭經堂叔）則持觀望態度，傾向與清方談判，甚至提出金門、廈門、臺灣三島，比照朝鮮成為朝貢國的辦法。

這時清朝康熙皇帝剛繼位，年僅八歲，大權掌握在鰲拜手中，一切還不穩定的狀況下，清朝廷不想開啟戰端，不斷招撫廈門的鄭經；只要他願意剃髮，到北京請降，不但赦免違抗的罪責，還給予優厚的爵位、從優敘職。

鄭經不想被招降，又擔心自身實力不敵清朝廷武力，於是假造人員、器械總冊，以準備投降的姿態迷惑清方，並和清朝廷進行談判；同時出兵臺灣打敗叔叔鄭襲，之後留下部將黃安掌理臺灣，自己回廈門。

回到廈門的鄭經卻面臨被孤立和親信背叛的危機：一方面遷界令使廈門失去物資和情報的來源；另一方面，堂叔鄭泰因立場不同，被鄭經幽禁後自殺，鄭泰的弟弟鄭鳴駿和兒子鄭纘緒因而帶著八千士兵及一百艘船，向清將領耿繼茂投降；第二年，原本支持鄭經的海軍都督周全斌、提督黃廷也投降滿清。

鄭泰事件發生後，鄭經被施琅和荷蘭的聯合部隊打敗，撤出金門和廈門，退守到漳州沿岸的小島銅山（今東山縣東山島），他的部屬大多投降了清朝廷。一六六四年三月，鄭經終於放棄福建沿海島嶼，撤退到臺灣，建國「東寧」，自稱「東寧國王」，為保有政權的合法地位並維繫鄭成功舊部屬的向心力，仍繼續尊奉南明桂王的永曆年號，但不再有西征清朝的想法。

清朝廷的招降策略持續進行，以至於跟著鄭經來臺的人，三年時間內，四分之一的人陸續從澎湖、臺灣渡海投降，估計約有文武官員近四千人、正規軍四萬多人、船隻九百多艘。

對明鄭來降的將官，清朝廷剛開始給些閒缺，後來漸漸依照帶來投降的人數多寡，給予職銜和薪水，例如：帶很多官兵來投降的官員，就加職銜，給原本全薪；所帶官兵少又沒什麼功勞，就降職等，給一半薪水。

掌控朝廷大政的鰲拜，不放棄武力攻臺，命施琅統領水師征剿鄭經；只是前後三次攻打臺灣，都遇到颱風無功而返。

鄭經退到臺灣三年後，十四歲的康熙皇帝開始親政[5]，再度招撫鄭經，提出只要剃髮並歸順，就賜封爵位和給予優厚俸祿[6]。面對施琅不斷提出攻臺的計畫，康熙不僅未接受，甚至因此免去施琅福建水師提督的職務，調回到北京，拆散兵眾、燒毀船艦。

鄭經對康熙的善意雖沒有正面回應，也沒有重啟戰端。他仍堅持不剃髮，致力在臺灣墾殖，將官和士兵生活漸漸安定，也不騷擾清朝廷，雙方算是相安無事[7]，只發生過零星的叛逃事件。

鄭經來臺九年，也是康熙親政六年後，兩岸關係又有了戲劇性變化……

因鄭經參加了降將耿精忠、尚可喜、吳三桂發動的三藩之亂，提醒了清朝廷，當內部發生變亂時，來自海上的威脅將會伺機而動。由於吳三桂對清朝的威脅仍然很大，為了避免腹背受敵，清朝積極招撫鄭經，改成不需剃髮，只要稱臣納貢；後來更提出優惠條件：「不

圖1　開元寺——鄭克𡒉被殺的計謀處

開元寺又名海會寺，位於臺南市開元路。按翁佳音教授研究，最早應是荷蘭時期的長官別莊；鄭經參與三藩之役失敗回臺後，原址改建成北園別館，奉養其母董氏。鄭經病危時，交監國劍印給鄭克𡒉，馮錫範等以鄭克𡒉非鄭經親生子為由，前來要求董氏命鄭克𡒉交出監國劍印，鄭克𡒉拒絕交出，遂被馮錫範埋伏的蔡添所殺，死時年僅十八。

必到北京請降，不剃髮，不必稱臣入貢，可以像朝鮮、日本，在臺灣發展。」[8]但因鄭經堅持要保有貿易據點海澄，雙方談判破裂。

清朝廷再次實施「遷界令」，嚴禁鄭軍於大陸沿海徵糧，面對此一糧政缺口，所幸鄭經因應得宜[9]，未產生立即性財務危機。

清朝廷遂命令福建總督姚啟聖加強招撫，提出跟隨鄭氏愈久的人，投降後報酬愈多；官員可以保證官職，士兵可自由選擇要加入清軍，或恢復平民身分等來吸引鄭軍。

姚啟聖在福建漳州開設修來館，只要是從臺灣來投降的人，就送華服和金錢。為了吸引更多人投降，公布投降者以及留在鄭方部分文武官員的姓名與職位。

這些招降策略果真奏效，三年間，投降者約有十萬人以上。但隨著投降的人增加，清朝廷財

圖2 祭祀鄭克壓夫妻的監國祠

臺南延平郡王祠後殿監國祠，祭祀鄭克壓及其夫人陳氏。鄭克壓是鄭經與其弟乳母昭娘不倫戀生下的孩子，甚得鄭經喜愛，鄭經參與三藩之役後期，立鄭克壓為監國，但鄭克壓始終被懷疑是否為鄭家骨肉；加上為人剛毅果決，執法秉公，馮錫範及鄭室宗親都不喜歡他。他被殺之後，妻子陳氏雖懷有身孕仍堅持隨死，因此有「夫死婦亦死，君亡明乃亡」的悼念詞。

政負擔愈來愈沉重，遂決定以武力徹底解決鄭氏勢力。

一六八〇年，鄭經參加三藩之亂打敗仗回臺灣，隔年臺灣發生乾旱，米糧歉收，對外貿易受阻，出現了財政危機[10]；加上鄭經逝世後，長子鄭克壓被殺（圖1、2），當權執政的馮錫範擁立幼子鄭克塽繼位，統治者內部陷入權力鬥爭，削弱了危機處理的能力。

這時康熙親政已十四年，權力逐漸穩定，清朝大臣對臺灣有剿滅與招撫兩派意見，康熙過去主張招撫，這次卻支持剿滅，重新起用施琅出任福建水師提督。關鍵戰役發生在一六八三年，施琅率領水師三萬多人，戰船三百多艘；鄭克塽派大將劉國軒率領二萬多人，雙方在澎湖展開激烈海戰（圖3），清軍大勝，鄭軍一敗塗地（圖4）。勝敗乃兵家常事，

圖3 劉國軒備戰處——澎湖風櫃尾蛇頭山

此即荷蘭人城堡舊址，一六八三年劉國軒在此和四角嶼、牛心灣、娘媽宮（今馬公）等地增修砲臺，率軍二萬餘人，戰船二百餘艘，迎戰施琅，首戰雖勝，後卻大敗，見大勢已去，退回臺灣。

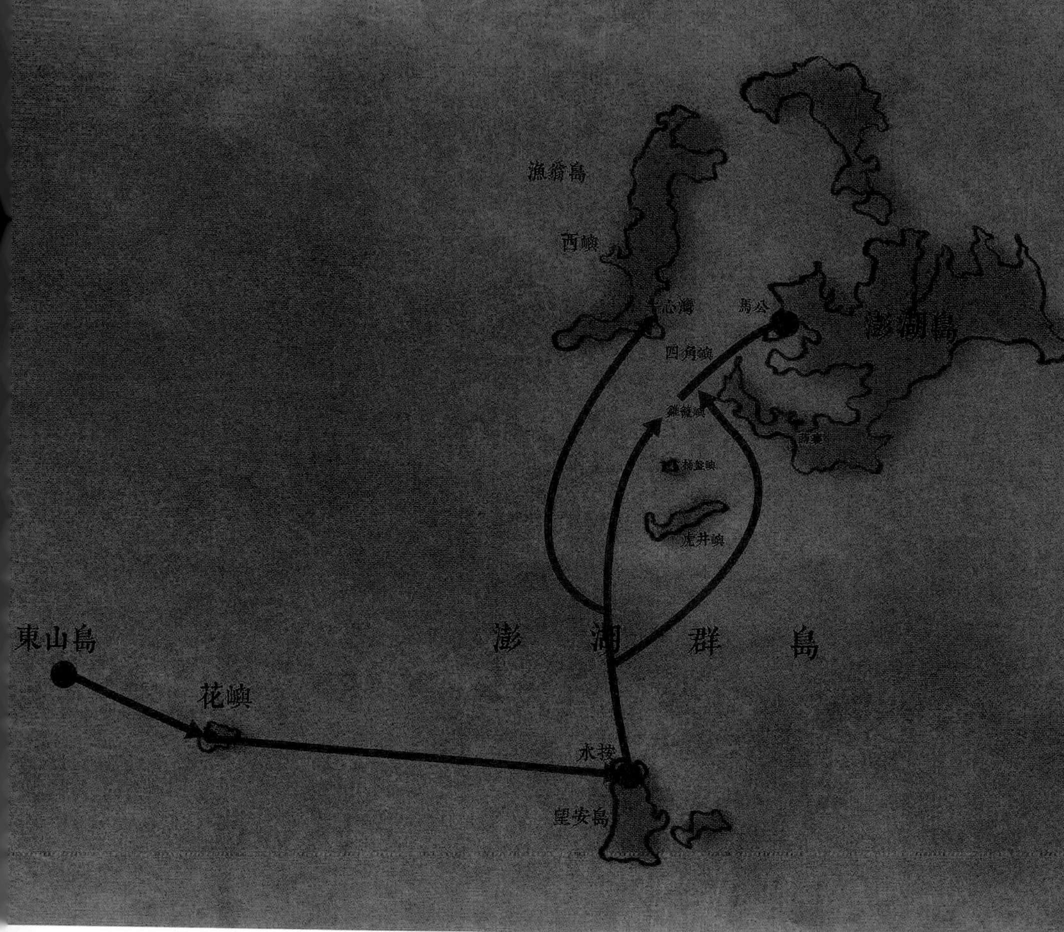

圖4　施琅出征澎湖路線圖

施琅認為要攻下臺灣，必先攻下澎湖。一六八三年七月八日率軍三萬餘人、戰船三百餘艘，從銅山（今東山島）出發，次日抵花嶼、貓嶼，停泊八罩島（今望安島）。十日進攻馬公失敗，退回八罩島。十六日兵分三路，西路派七子施世驊率船五十艘，直搗牛心灣；東路派六子施世驃率船五十艘，進攻四角嶼；自己則親率五十六艘居中主攻。交戰時，風向對清軍有利，加上招撫策略成功，因而大勝。

不足為怪，奇怪的是劉國軒是能戰之人，卻在關鍵戰役中打了敗仗，而且由堅決主戰轉為主張投降。

有資料記載，鄭經仍在世時，劉國軒就已被姚啟聖、施琅等人收買，因而改變立場。施琅給劉國軒的條件，據說是只要肯投降，一定封他為公侯，還與他結為親家，保證擁有總兵原職。澎湖海戰前，劉國軒即向康熙皇帝提出稱臣進貢的方案，但遭到否決。

此外，很多滲透臺灣的方式，早就在運作了。姚啟聖派遣間諜到鄭軍中從事破壞活動，例如：聯絡施琅養子施世澤與其族兄施明良做內應；透過舊關係加緊與鄭軍人員搭線，希望他們裡應外合；更在臺灣糾聯十一個鎮，給予重賞，讓他們做為清軍攻打臺灣的內應；姚啟聖相信臺灣「上下離心，間諜易入」，會有好效果。

施琅則派遣了心腹三、四人到臺灣、澎湖遊說親朋故友，要他們謀叛立功。那時臺灣遭逢嚴重乾旱，米價飆漲，施琅對來降的士兵，不但發給衣服和糧食，又醫治傷兵。想回臺灣的降兵一律放行，並免除三年稅賦和差役，這樣的優惠待遇讓鄭方的人覺得投降才有出路，臺灣北路總督何祐即從淡水派人到澎湖向清朝廷輸誠；施琅在臺灣的地下工作人員更是和鄭軍將士陣營頻繁聯絡。軍心渙散若此，澎湖一戰不輸也難。

澎湖海戰中，鄭軍一百九十四艘戰船被擊沉，澎湖守軍一千四百多人投降。澎湖失守，對臺灣更是嚴重的危機，因鄭家派去購買、載運米糧的洋船都必須停靠澎湖深水港灣卸貨，再換船運回臺灣。如此一來，米糧大多將落入清軍之手，難以送達臺灣。

一心一意要投降的劉國軒向鄭克塽分析：在缺糧狀況下與清軍對抗，將導致嚴重饑荒，有內亂之虞。既然大勢已去，應該順天意投降。當時，馮錫範主張要「分兵死守」臺灣，有人主張攻打菲律賓作為新基業，都遭到劉國軒反對，他還派兵監視鄭氏子孫，以免有人走脫。

在劉國軒堅持下，鄭克塽寫了陳請表章，並寫信給施琅表示「知過」，希望留在臺灣，但施琅要求必須將臺灣人民和土地都收入清朝版圖，否則將誓師決戰。

鄭克塽只好再寫降表，繳上延平王印，獻出臺灣；但希望住在閩南，請求賜給田園和房子，也請清朝廷優待明室宗親，讓文武官員獲得升遷拔擢，並寬免過去歸附鄭方的人員。清朝終於批准了鄭克塽的請降要求，一六八三年十月，施琅的軍隊抵達臺南鹿耳門，兩天後正逢中秋節，舉行受降儀式；再過三天，鄭克塽和臣下部屬在監視下剃髮。

隨著額上的頭髮一撮撮被剃下，一個個禿了前額的降人、滿地的落髮，明朝漢人髮式的最後據點被清朝終結（圖5）。鄭經十數年來不剃髮的堅持、鄭成功反清復明的願望跟著沉入歷史的河流，臺灣從此進入清朝統治時代。

施琅在臺灣期間，親自到南北實地考察，發現「臺灣地勢險惡，易守難攻」。因而向康熙皇帝報告：清朝廷能得到臺灣，是因為劉國軒意志堅決且盡心、不顧個人生死所致。

鄭克塽投降之後，和劉國軒、馮錫範奉旨到北京，之後鄭克塽住在北京，無法如願留在閩南；跟著鄭家到臺灣的明朝宗室朱桓等則移到山東、河南；其餘王室、主將、官員移到福建，明朝遺民與兵丁大多被移往內地，不許留在原地，以免有朝一日再起動亂。

為了不讓「反清復明」的民族意識在臺灣繼續蔓延，清朝廷統治初期刻意減少人口，臺灣因此出現居民稀少的蕭條景象，隔年首度來臺治理的官員季麒光、蔣御英等，不得不極力招攬大陸人民來臺開墾。

三百年前的明鄭時期，以及一九四九年國民政府來臺，兩岸對峙的情況下，每當有人「起義來歸」，便大手筆封賞，潛逃到對岸的人則被視為叛徒。沒有經歷過那個時代的年輕一輩，可能難以想像數十年前「保密防諜，人人有責」的風聲鶴唳，對平民百姓而言，希望已成回憶的「兩岸諜對諜」，不會重演！

圖5　清朝髮式

漢族向來有「身體髮膚受之父母，不可毀傷」的傳統觀念，但滿族入關之後，嚴格要求剃髮。當髮式涉及民族尊嚴、政權認同，甚至生存權利時，二者孰重？孰輕？

附註

1.參見7.鄭經和英國人。

2.鄭成功來臺時，雖然荷蘭人已經營了三十八年，但僅開發今臺南地區，耕作技術仍然落後。

3.一六五六年（順治十三年）之前，清朝廷的招降政策是重南明而輕明鄭，因此明鄭降將多遭閒置；之後對來降鄭成功部屬的態度大幅轉變：

(1)能悔過投誠，帶領船隻、兵丁、家口來歸的人，按照所帶來的數目，分別破格升任。如果能將鄭成功等人抓來，最大功勞者封予高爵，其次加職。

(2)盡心安插鄭成功統領地區來歸附者，原有田產被占領者，經查詢後返還；沒有田產者，設法讓他們有住的地方。

(3)改善降將的待遇，出路安排逐步制度化。

(4)從清朝投降到鄭成功陣營的將領，也列為招降範圍。

4.海澄是「鄭成功的儲糧之所，為金、廈門戶」。黃梧獻海澄，使「城中所儲糧粟二十五萬」，以及「軍器、衣甲、銃器」及「將領私積者」無數，盡入清軍之手。

5.一六六七年（康熙六年）七月，康熙皇帝十四歲親政，兩年後，康熙和侍衛索額圖召集滿洲少年，組成宮廷衛隊，天天演習摔角。有天趁著鰲拜奉召到內廷觀看摔角遊戲，康熙命滿洲少年擒撲鰲拜，並公布他的三十大罪，黨羽遍布的四朝勳臣鰲拜終於被殲滅。

6.康熙皇帝熟讀歷史典籍，深知滿人以有限的人力，統治著為數龐大的中原漢人，若海外有漢人集團的反對勢力存在，如殘留漢族「數莖髮」的鄭氏，將會是統治的不安因素，因此堅持要鄭經剃髮。

7.如果鄭經留守臺灣，不要登陸中國大陸，是康熙皇帝能夠接受的，因此鄭經參與三藩之亂前，雙方可以相安無事。

8.一六七九年（康熙十八年），鄭軍未完全潰敗時，清朝廷給鄭經最好的、也是最後一次和談條件。

9.一六七九年至一六八〇年間，臺灣本島尚能供應足夠米糧，加上鄭家持續與福建、廣東兩地貿易商進行走私活動，仍維持一定收益，足以供應軍隊開支。也與外國商人進行貿易，參見7.鄭經和英國人。

10.一六八一年起，清朝廷對福建、廣東兩地的貿易商加以整頓，以致鄭家無法再與之進行走私活動。

大事記

1656 ■清朝開始重視招降明鄭將官，給予優惠待遇

1662 ■清朝實施遷界令，鄭成功東渡臺灣趕走荷蘭人
鄭成功病逝臺灣；康熙即位

1664 ■鄭經撤退到臺灣，建國「東寧」

1667 ■康熙皇帝開始親政

1673 ■吳三桂、耿精忠、尚可喜發動三藩之亂

1674 ■鄭經參加三藩之亂

1680 ■三藩之亂失敗，鄭經撤退回臺灣

1681 ■鄭經逝世，鄭克塽繼位

1683 ■施琅在澎湖打敗明鄭大將劉國軒
施琅軍隊抵達臺南鹿耳門
鄭克塽於赤崁樓舉行投降儀式

1684 ■鄭克塽被遣送北京，明朝後裔及鄭氏官兵安置山東、河南、福建等地

1685 ■明鄭文武官兵安置各省墾荒

9

明清皇室來臺

你以為：清朝嘉慶皇帝曾來過臺灣

事實是：明清皇室成員中，在臺灣住了十八年的是明朝寧靖王朱術桂

明朝末年，絕大多數中國人還不認識臺灣；到了清朝，康熙皇帝攻打臺灣只是為了翦除鄭成功家族的勢力；鄭家投降初期，康熙甚至不想將臺灣納入中國版圖。在這種狀況下，竟有皇室成員渡海來臺長住十八年，他是明太祖朱元璋第九世孫朱術桂。

朱術桂生於湖北，別號一元子[1]，第一世祖遼王朱植是朱元璋第十五個兒子。身為皇室後代，他從小接受各種皇家子弟的訓練與教誨，十歲時，循祖訓受封為輔國將軍。青年時期的朱術桂體格健壯，臉形方正，留著鬍子，允文允武，又能謙和待人，稱得上十足的英俊少年。

但國破家何在，唇亡齒必寒，原本可以享有優渥皇家生活的朱術桂，在二十五歲這年，因闖王李自成、張獻忠前後攻進湖北，和湖北的皇室宗親們躲到湖南洞庭湖一帶避難，開始了離鄉背井的生涯。

兩年後，李自成攻陷北京城，明思宗朱由檢自縊殉國，朱家天下等於滅亡了。思宗的堂哥福王朱由崧在南京被擁立為弘光帝（即「南明」開始）時，朱術桂特別前往擁戴，被升為鎮國將軍，派到浙江寧海參加抗清軍務。

弘光帝在皇位上只坐了一年，就被清軍俘虜，之後南明勢力分裂為兩支：一支在浙江紹興，原先奉弘光帝命令駐守浙江的魯王朱以海[2]被擁立為監國[3]；另一支在福建，由鄭芝龍擁立唐王朱聿鍵在福州稱帝，以一六四五年八月二十一日（農曆七月一日）為隆武元年。鄭芝龍的兒子鄭森在這年晉見隆武帝，被賜姓朱，賜名成功，鄭成功從此被稱為「國姓爺」。

隆武帝和魯王是叔侄關係，原可以合力抗清，但各自被擁立之後，根本無法合作。隆武帝派人到浙江去頒詔書，要魯王退讓，魯王雖有意接受，但是抬轎的擁立者反對；接著魯王派到隆武帝朝廷的使臣，稱隆武帝為「皇叔」不稱「皇上」而被殺；隆武帝的使者也在魯王的浙江遇害，雙方心結愈來愈深。

朱術桂對兩方都表示支持，先聽到魯王宣布監國的消息，就趕到紹興和魯王會合；後來隆武帝成立新政權，也寫信去致賀，被封為寧靖王。

這些政權都只有一年就倒臺了。先是鄭芝龍投降滿清，隆武帝逃到福建汀州被俘，絕食而死；朱術桂和魯王一起逃到浙江舟山，後被鄭彩等人迎接到廈門。

接著，明思宗的堂弟、年僅二十三歲的桂王在廣東被擁立為永曆帝，永曆帝和皇室血統最近，湖南、廣東、廣西、雲南各省紛紛擁戴，聲勢浩大，是明朝皇室第三次力圖復興。

龐大的海商勢力在金門和廈門繼續抗清。一六五〇年，鄭芝龍投降滿清四年後，鄭成功收編了堂兄鄭彩、鄭聯的部隊，成為福建地區最支持永曆帝的抗清武力。以鄭成功為中心的反清力量不斷增長，魯王部屬多加入陣營，凡明朝王室以及反清官吏前來依附，鄭成功無不禮遇接待。避難諸王中，寧靖王朱術桂是最受鄭成功尊重的一位[4]。

南明政權從弘光帝開始，共有四位皇帝，有的昏庸無能，有的彼此猜忌鬥爭，都不成氣候。其中以永曆帝在位十五年最久，只是一路流亡，從廣東逃往廣西，再逃到緬甸，最後被送回昆明，死在引清兵入關的明將吳三桂手上。

這些政權中，鄭成功只承認隆武帝和永曆帝，曾勸魯王去掉監國名義，同尊永曆帝，但被魯王拒絕。為了象徵反清力量的整合，在金門仍按皇室規格接待魯王（圖1），但僅視為「寓公」[5]，並不稱臣。

一六五三年四月，魯王決定削去監國的名義。兩年後，鄭成功與魯王、寧靖王朱術桂又在金門會面，討論軍國大事。

圖1　魯王墨跡

「漢影雲根」碣是魯王寓居金門期間留下的遺跡，位於金城鎮古城村古崗湖南邊的獻臺山（土名東紅山）麓，正中篆印「翰墨之寶」推測為朱術桂字跡。但此碑非原碑，原碑相傳一九六二年僑商董春波等捐建古崗國小時，無知的石工將「根」字鑿去，而使石碣殘缺並崩落。一九七〇年，金門社教館館長王秉垣雇工在石對面一側平坦的盤石壁上，描摹仿刻「漢影雲」三字，並由書法家薛祖森補書「根」字，供人瞻仰。

據說魯王很愛吃番薯，被稱為「番薯王」，應該是在金門生活的物資缺乏，不愛吃也不行。跟隨魯王住在金門的朱術桂和妃子們平時穿著和百姓一樣，絲毫看不出是皇室子孫，他有兩個女兒、兩個兒子，但都夭折了。

流亡的南明皇室後代中，朱術桂的身分雖非最為尊崇，但他是朱元璋第九世孫，輩分最高，其他人都比他小一到四輩，因此成為這些皇室後代的長輩。

一六六一年四月二十一日，朱術桂參加了鄭成功在金門料羅灣（圖2）舉行攻打臺灣的興師典禮。這時他已經四十四歲了，距離從湖北逃難到湖南，又輾轉流離到浙江、廈門、金門，已過了十九年。

隔年二月，鄭成功終於將荷蘭人趕離臺

圖2　金門料羅灣港口

從鄭成功到施琅都是自此揮軍攻向臺灣。

圖3　魯王疑墓碑

一八三六年（道光十六年）在金門古崗湖西側發現魯王墓，後發現是個錯誤，經考證還原為「宋元豐命婦之墓」。此墓碑則移放墓右側。

圖4 魯王疑墓左側的民族英範碑
「假的魯王墓」左側有一九三六年蔣中正立的民族英範碑亭。

灣，但這一年同時發生了幾件大事：先是吳三桂殺了永曆帝；年中時，鄭成功三十九歲英年早逝；有人希望魯王再出來監國，但他卻因氣喘病發作，突然在金門過世[6]。反清復明的大業，因而受到嚴重的影響。

鄭成功死後，滿清急著想進攻金門和廈門，朱術桂只能祕密安葬魯王，不敢立墓碑，另蓋了衣冠塚以掩人耳目（圖3、4、5）；並寫了七百多字〈皇明監國魯王壙誌〉，放在墓裡，敘述這位流亡王孫的生平。隔年，魯王次妃陳氏產下遺腹子，被朱術桂收養，取名弘甲。

魯王死後三年，退到臺灣的鄭經，為了更具有統治的正當性，將朱術桂從金門迎接到臺灣「監軍」，這是他第一次踏上臺灣，也成為流亡的終點站。

隨著朱術桂來臺的還有魯王的兒子、皇室

圖5　魯王墓
一九五九年金門構工部隊在舊金城東（今金湖鎮太湖山小徑路旁）炸山採石，意外在西紅土一巨石前挖到一座三合土砌成的墓壙，長二百五十公分，寬一百四十公分，墓碑高一百二十公分，露出地面二十餘公分，碑面平滑沒有刻任何文字，後來發現裡面有〈皇明監國魯王壙誌〉石碑，交由胡適研考，真正的魯王墓才重現人間。

成員共八百多人。以當時臺灣的蠻荒，以及渡過臺灣海峽的風險，對他們而言，應該是不得不的決定。

這批王孫初抵臺灣時，鄭經特聘工匠從燒瓦開始建築宮室，在承天府（今臺南）建造一座宏偉的宅第「寧靖王府」，又稱「一元子園」（即今臺南大天后宮）（圖6），作為朱術桂的府邸。

朱術桂到臺灣，雖然鄭經供給一定的年金，但宰相陳永華認為軍隊平時都得自行開墾耕種以養活自己，到臺灣避難的明代宗室和官員，也應該分配土地、參與耕作[7]。於是朱術桂找來一些沒有田地的人，到萬年縣竹滬地區（今高雄市路竹區竹滬里）開墾了數十甲農田，並興建一座月眉池[8]，供應灌溉田地之用；同時蓋了座莊園（圖7），可前來小住或避暑之用，他的元配羅妃過世後即安葬在附近。

圖6 臺南大天后宮（原寧靖王府）

一六六五年朱術桂初抵臺灣，鄭經特聘工匠在承天府建造「寧靖王府」，作為朱術桂府邸。施琅接收臺灣後，霸占為自己的宅第，稱為「施厝衙」。後將王府奉祀大明正朔的一殿改奉祀媽祖，宣稱改建為大天妃宮。一七二〇年，改名大天后宮。

圖7 寧靖園

當年朱術桂莊園之處，位於今高雄市路竹區竹滬里華山路華山殿旁邊。

朱術桂來臺灣第十年，鄭經參與三藩抗清行動，財政逐漸困難；而朱術桂開墾有成，收入不錯，日常生活的餘裕用來照顧辛苦幫他耕種的人。

鄭經過世後，長子鄭克𡒉隨之被殺，繼位的鄭克塽只有十二歲。鄭家勢力被馮錫範、劉國軒等大臣把持，清軍攻臺的傳言時有所聞。一六八三年七月十六日，施琅攻下澎湖；三十一日，劉國軒、鄭克塽決議請降。面臨這樣的情勢，朱術桂暗自痛哭說：「如果臺灣局勢有變，我無處可去，只有以身殉國了！」

九月一日，劉國軒胞弟劉國昌及馮錫範胞弟馮錫圭攜降表前往澎湖，明鄭已確定將滅亡了。朱術桂對五位妃子說：「大勢已去，我的死期已到，妳們可以削髮為尼，或者改嫁吧！」她們哭著表示願意隨朱術桂一起死。各自沐浴後，穿上正式服裝，與朱術桂對飲後，叩頭辭別，隨即在王府後殿懸梁自盡。

朱術桂接著在王府牆上寫下遺書，大意是：遠自故鄉逃離來到臺灣，原是希望不剃髮，保全父母留給他的身體髮膚。如今已六十六歲，不幸還是遭到亡國大禍，不過能夠保全頭髮、穿著明朝衣冠死去，已不負太祖高皇帝和父母，也沒有任何憂懼與愧怍了。

第二天，妃子們的棺木安葬在臺南桂子山，墓地上沒有任何標記；後人為紀念，在墓前建廟祭祀，稱為「五妃廟」（圖8、9、10）。

接著是朱術桂的死亡儀式，他命人將準備好的棺木抬到王府，說：「今午二時前，就

圖8 五妃廟
一七四六年，巡臺滿人御史六十七及漢人御史范咸目睹墓塋荒頹，乃令臺灣海防同知方邦基修葺，並在墓前建廟祭祀，從此稱為「五妃廟」。一九二七年曾整修，一九九八年重建成今貌，位於今臺南中西區五妃街。

圖9 五妃廟中的五妃神像

圖10 五妃廟後方即為五妃墓

輪到我了！」隨後戴好帽子、穿上龍袍、繫上玉腰帶、佩好官印，並派人將寧靖王印璽交給鄭克塽。

朱術桂先在王府正廳朝北京方向，向列祖列宗叩頭；再向湖北方向辭謝父母；又請地方老少進入王府，互相對拜、飲訣別酒。他交待了產業，將所有田契、地契燒毀，讓佃戶從此擁有自己的耕地。

接著寫下絕命詞：「艱辛避海外，總為幾莖髮。於今事畢矣，不復採薇蕨。」隨即走到後堂，用白布懸梁自盡。《臺灣縣志》記載：「大星隕於海，其聲如雷，是日，寧靖王死。」雖是古人表達偉人或朝代覆亡的一貫筆法，至少暗喻朱術桂去世的歷史意義。

過了十天，朱術桂的遺體被運回高雄竹滬，和元配羅妃合葬於鳳山縣長治里竹滬莊（今高雄市湖內區東方路），墓上沒有立任何標幟，並蓋了一百多座假墓，以免被清朝人破壞。

施琅抵達臺南後，魯王的兒子朱桓等人隨著鄭克塽被送回大陸；朱術桂的親生兒子早已過世，只剩過繼的兒子朱儼鈐，只有七歲大，被清朝廷遷回河南開封府杞縣安置，其一元子園則被施琅霸占。

民間另有傳說指朱術桂並非懸梁自縊而死，而是吞金自殺，陪葬品非常多，棺木用金銀打造而成；又說負責安葬的三十六人因吃了供祭物品，全部變成又盲又啞，因此沒有人知道真正的墓址。

圖11● 寧靖王墓園入口

謎底在日本統治時期被揭曉。

一九三七年，在臺糖高雄大湖原料區當補助員的關廟人李清風，有天中午查驗蔗糖甜度後在樹下休息，恍惚間看見一個穿著官服、長鬍鬚的人，消失在墓群中。他隨後通報警方，日本人開挖後，依序挖出朱術桂、早夭的兒子朱儼鑑、元配羅妃等三人的墓。

據當年報紙報導：金器、玉器、夜明珠、古錢、香爐等寶物不勝枚舉。當時李清風口述：「棺蓋上鋪了一層厚金粉，棺木上用古碗裝石灰反蓋。」不管朱術桂是以何種方式自殺，他的墓中的確有很多陪葬品，應該都是從大陸帶來臺灣的，據傳這些寶物全被臺灣總督府運回日本了。

開挖後，屍骨散落，幸得任職糖廠的蔡實主動撿骨安葬。臺灣光復十四年後，高雄竹滬、湖內兩村的人籌錢重修墓地，之後四度整修（圖11、12）。

圖12 寧靖王墓

墓園是一九三七年村民無意中發現，現有墓園是一九七七年由縣府修建，一九八八年內政部指定為三級古蹟。

現今高雄市路竹區竹滬有座寧靖王廟——華山殿（圖13），是朱術桂的部屬和幫他耕種的佃農們奉祀的香火。每年農曆九月二十五日朱術桂生日，附近居民都會來祭拜這位被他們稱為「老祖」的王爺。

朱術桂如同其他落難王孫，一生東逃西竄，是亂世兒女的悲哀。少時遠離家鄉，落腳臺灣，度過壯年期，曾有過復國夢，一晃眼到了六十六歲，夢碎了，只能選擇自縊殉國了。

如果朱術桂不死，頂多和其他王孫一樣，投降後被送回大陸；相對於鄭家後代，他是明朝皇室子孫，選擇與明思宗一樣的死亡方式，保住了尊嚴，也算是對皇室身分的堅持吧！

圖13　華山殿

華山殿即「寧靖王廟」，主祀寧靖王朱術桂，從祀五妃。當地村民多為朱術桂部屬、佃農後代，尊稱其為「老祖」，稱該廟為「王廟」、「老祖廟」。建於十八世紀清雍正至乾隆初期，一九二九年曾重修，一九七九年改建成今貌，又稱為「寧靖王文物紀念館」，位於今高雄市路竹區竹滬里華山路。

華山殿

附註

1. 朱術桂一六一七年（明萬曆四十五年）出生於湖北荊州長陽郡王鎮國府將軍邸，命名「術桂」，字天球，因明朝宗室篤信道教，別號「一元子」是道教法名。

2. 朱以海是明太祖第十子魯荒王朱檀的九世孫、魯肅王朱壽鏞第五子。原是他哥哥朱以派被封為魯王，藩封兗州府。一六四二年，清兵攻破兗州，朱以派自縊殉國；一六四四年，明思宗封朱以海為魯王，但受封四天後，李自成攻陷北京，朱以海南奔。

3. 中國歷朝制度，監國通常指君主（皇帝）出外巡狩時，由儲君留守宮廷處理政務；或者指君主因故未能親政，由皇族宗室代理朝政；有時皇帝傳位前，太子先稱監國才即位。因弘光帝未死，所以魯王僅稱監國，一六四五年九月六日（農曆七月十七日），魯王即監國之位。

4. 一六四八年春天，永曆帝曾命朱術桂擔任鄭成功所部的監軍，但他沒有赴任。

5. 據《辭源》解釋：「寓公係指失去領地、寄寓他國的諸侯，後來泛指寄居他鄉、具有官吏身分之人。」魯王當時無所事事，屈居人下，不免有所牢騷，有人向鄭成功打小報告，因此鄭成功對魯王愈來愈疏遠。

6. 鄭成功死於一六六二年農曆五月八日，魯王死於農曆十一月十三日，死亡日期相隔約半年。

7. 此土地稱為「私田」或「文武官田」，可自行收租再繳稅。

8. 據《鳳山縣采訪冊．輿地》：「月眉池（俗稱下甲陂仔），在長治里（竹滬莊西南）。」清康熙後荒廢，現已完全消失。

大事記

1617 ■朱術桂出生

1642 ■因闖王李自成、張獻忠攻進湖北，朱術桂開始離鄉背井的生涯

1644 ■明思宗自縊殉國，福王被擁立為弘光帝

1645 ■鄭芝龍擁立隆武帝繼位，魯王即監國之位

1646 ■弘光帝在北京被處死
隆武帝被清軍俘虜，絕食而死；鄭芝龍降清
朱術桂和魯王逃到浙江舟山，後被迎接到廈門

1647 ■明永曆帝在廣東即位

1650 ■鄭成功成為福建最堅強的抗清武力，朱術桂等前來依附

1652 ■鄭成功在金門仍按皇室規格接待魯王，但不對他稱臣

1653 ■魯王決定削去監國名義

1655 ■鄭成功與魯王、朱術桂在金門會面

1661 ■朱術桂參加鄭成功在金門料羅灣舉行攻打臺灣的興師典禮

1662 ■荷蘭人投降，與鄭成功簽訂締和條約
永曆帝被吳三桂勒死
鄭成功在臺灣逝世
魯王在金門逝世

1665 ■朱術桂和皇室子弟、部舊來到臺灣
朱術桂到高雄開墾田地

1683 ■鄭克塽、劉國軒遣使降清
五妃殉死，朱術桂自縊殉國

10 玄天上帝與媽祖

你以為：到處可見的媽祖廟是自然發展的民間信仰
事實是：推廣媽祖信仰是清朝統治者的手段

現今臺灣人普遍信仰媽祖，卻很少人知道鄭成功來臺之後，主要的民間信仰是玄天上帝，從玄天上帝轉變成媽祖，是清朝統治後刻意操作的結果。

玄天上帝和媽祖都屬於海神。玄天上帝又稱北極大帝、真武大帝、北極佑聖真君，民間通稱「上帝公」，早在漢代就是閩南人的北極星方位之神與守護航海的水神，臺灣先民渡海時，以北極星做為航線指標，安然抵達臺灣後，自然會崇拜玄天上帝。玄天上帝信仰從宋代開始發揚光大，傳到元代，除了元世祖忽必烈特別建大昭應宮祭祀；元成宗時，玄天上帝更成為中國北方最高神明。

圖1　北極殿的玄天上帝

玄天上帝形象是左腳踩龜，右腳踩蛇。清朝《臺灣縣志》：「安平、七鯤鯓為天關，鹿耳門、北線尾為地軸，酷肖龜蛇，鄭氏據臺，因多建真武（玄天上帝）廟，以為此邦之鎮。」（臺南北極殿提供）

到了明代，據說明太祖朱元璋因玄天上帝保佑而打敗元朝，因此在南京建廟奉祀。當時民間很多人拜玄天上帝，明太祖也想要藉此收攬民心、鼓舞士氣。

據《明史》記載，明成祖朱棣發動奪位的靖難之役時，除了玄天上帝現身相助，崇奉玄天上帝的武當山道士們也立下大功，朱棣因此尊祀玄天上帝為明朝皇室守護神。

玄天上帝既是明朝最重要的政教神明，明鄭建玄天上帝廟，意味著將明朝皇室視為正統。除了政治考量，也有風水迷信的因素，明鄭時期認為玄天上帝可以鎮住臺灣天關和地軸的妖怪（圖1）。

圖2　臺南北極殿

北極殿（位於臺南市中西區民權路）據說是奉祀鄭成功帶來臺灣的玄天上帝香火，別名「大上帝廟」，與赤崁樓附近「小上帝廟」開基靈祐宮對應而來。

鄭成功是藉著海上武力崛起，加上故鄉泉州南安縣信仰玄天上帝，因此，很自然地祭祀了玄天上帝，臺南延平郡王祠原藏有「鄭成功披髮仗劍圖」，「披髮仗劍」是玄天上帝塑像的基本形貌，鄭成功在心理上可能以北極星自居，由此可見，玄天上帝在他心目中的重要地位。

明鄭的諮議參軍（相當於宰相）陳永華為革除荷蘭人所留下的基督教信仰，積極興建三十九座漢人寺廟，其中以八所玄天上帝廟和九所關聖帝廟最多，還有保生大帝廟、觀音寺等各種廟宇[1]，就是沒有媽祖廟[2]。

臺灣最早官建的玄天上帝廟，是鄭經從金、廈撤退到臺灣第二年興建的「北極殿」，別名「大上帝廟」（圖2），據說奉祀鄭成功帶來臺灣的玄天上帝香火（圖3）。荷蘭時期此處

圖3　臺南北極殿的「二帝」
據廟方表示本二帝金尊係隨鄭成功由大陸來臺灣。（臺南北極殿提供）

圖4 威靈赫奕
北極殿中有寧靖王朱術桂書寫的「威靈赫奕」匾額。

是中國醫館，鄭成功登陸占領做為救護站，廟中有明朝寧靖王書寫的「威靈赫奕」匾（圖4）。鄭克塽投降清朝之後，清朝廷派來臺灣的知府蔣毓英，重修了玄天上帝廟。清朝統治的前四十年間，玄天上帝仍是臺灣最主要的信仰。

如今臺灣有四百多座玄天上帝廟，相傳許多是明鄭時代興建的，主要集中在澎湖和嘉義以南，除了臺南市北極殿及開基靈祐宮之外，還包括澎湖馬公上帝廟及北極殿、嘉義北社尾玄隍宮、阿里山受鎮宮、高雄阿蓮鄉北極殿及屏東九如鄉北極玄天上帝廟等。

為何會從「玄天上帝」信仰轉換成「媽祖」信仰呢？

媽祖林默娘又稱天妃、天后、天妃娘娘、天上聖母，西元九六〇年（北宋建隆年間）出生於福建莆田縣湄洲島，生前就流傳了許多傳奇事蹟；二十八歲離奇死亡後，民間開始流傳有關她的神蹟奇事。

媽祖首次從民間走向官府，得到最高統治者的讚許和確認是一一二三年（北宋宣和年間），當時官員路允迪率領一支八艘船的船隊出使高麗，中途遇到風暴，僅路允迪搭乘的船安然無恙。船上的人說看見一位穿紅衣的女子端坐在桅杆上，福建莆田籍的保義郎李振說是湄州媽祖顯靈，並歷數媽祖靈驗的事蹟。

順利返航後，路允迪請求賜封媽祖，獲得宋徽宗賜「順濟」匾額。後來歷代朝臣每次出使歸來都說看見媽祖顯靈，於是媽祖護航的佳話一直出現在中國早期外交史冊上。

宋朝南渡後，從浙江、福建、廣東等地大量抽調兵源，其中來自媽祖故鄉福建莆田的人數眾多，媽祖的靈驗事蹟便隨著莆田軍士征戰而傳布。加上宋朝海上交通發達，和南宋經商往來的國家多達五十個，福建商人四處經商，也將媽祖信仰傳播到各地。媽祖因保駕護航，被朝廷褒揚、賜予封號多達十四次，南宋高宗封媽祖為「靈惠夫人」，是朝廷給媽祖的首次封號；三十六年後，媽祖更進爵為「靈惠妃」。

元代的媽祖信仰與透過河道運糧的漕運[3]息息相關。那時南方的稻米、地方政府朝貢的物品，都靠隋煬帝時開鑿的人工大運河輸往大都（今北京）；後來為了節省經費，改透過海運送到今之天津，再轉河運到大都。海上運糧隨時可能船覆人亡，因此船工和押糧官都信奉媽祖，以祈求庇佑；因此媽祖從宋代的航海守護神，到元代成為官方漕運的守護神。漕運攸關朝廷的命脈，元朝五次褒封媽祖，都與漕運有關。宋朝尊媽祖為「妃」，元朝則改為「天妃」，成為皇帝任命的天上官職。

明朝皇室雖只有兩次褒封媽祖，但是有關媽祖的記載卻比宋、元兩朝多。那時每年都有使臣出海到琉球等國，出海前要祭拜媽祖，與出使有關的朝廷祭典多達十四次。明朝因施行海禁，怕頻繁褒封媽祖，可能引發漁民大規模出海；但因國事活動需要，得祈求媽祖庇護，真是左右為難。

一六〇四年（明萬曆年間）荷蘭人韋麻郎入侵澎湖時，馬公就已有媽祖的天妃宮（圖5）。雖然明鄭時期臺灣官方信仰玄天上帝，但軍民中仍有信仰媽祖的人。

清康熙時，媽祖更上層樓，成為「天后」。清朝靠騎射得天下，原本沒有注意航海神祇媽祖，首次注意到媽祖的威力，是在一六八〇年（康熙十八年）元月，清朝將領萬正色率領的二艘大船被明鄭水師副總督朱天貴擊沉。隔月，萬正色和明鄭水師總督林陞在崇武（位於福建惠安縣）對決時，突然海風大起，林陞下令全軍退到金門料羅灣。

在廈門的鄭經見狀，以為林陞大敗，趕緊將陸軍主帥劉國軒和他的軍隊從觀音山（位於廈門東岸）調回防守，造成陸軍軍心動搖；清軍趁機發動攻勢，廈門人心惶惶，百姓攜家帶眷逃離，鄭經只好撤離廈門，退到澎湖。

萬正色將這次勝仗歸功於那場突發的海風，認為是媽祖顯靈庇佑，上奏後，康熙皇帝派官員到福建冊封媽祖為「護國庇民妙靈昭應弘仁普濟天上聖母」，是清朝廷第一次對媽

圖5　澎湖天后宮
澎湖天后宮位於澎湖縣馬公市，在一六〇四年前即已立廟。原稱娘娘宮、天妃宮或媽宮，馬公市舊稱即由此而來，現在臺語「馬公」仍以「媽宮」(Má-keng) 稱之。（藍啟瑞先生提供）

圖6　萬軍井今貌
萬軍井又稱為「師泉井」，位於馬公市中央里，天后宮東邊巷子裡面。

祖表達尊崇。

萬正色發現當時臺灣和澎湖軍民有不少人信奉媽祖，開始以「克復廈門，神靈協助」為號，對明鄭水師展開心理攻勢。與媽祖同鄉的朱天貴撤退臺灣時，率領水師二萬人、戰船三百餘艘投降清朝；鄭軍損失了三分之一水師軍力，算是清朝運用媽祖信仰的成功策略。

三年後，清朝廷起用施琅為水師提督，負責攻打臺灣。施琅家族原信奉玄天上帝，但他奉命征討臺灣，卻充分運用媽祖信仰的力量，將之與其戰功畫上等號。

當時攻臺主帥吳英是莆田人，莆田人在軍中勢力很大。施琅先以莆田平海做為海軍基地，取「討平海逆」之意，並運用媽祖家鄉的民力民氣；接著親自率領各陣營將領到福建湄州天妃宮向媽祖致謝，捐錢重建媽祖的梳妝樓朝天閣，以獲取信仰媽祖的福建、廣東沿海居民認同。

施琅在澎湖海戰中，大敗明鄭大將劉國軒，鄭克塽投降，施琅隔年班師回福建，上奏請求敕封媽祖，提到媽祖神蹟。例如：

部隊駐紮平海，媽祖廟前有一口井，水味鹹苦；經祭拜禱告，井口湧出水來，味道轉甘。

攻下澎湖後，萬餘兵力駐紮媽宮城，但媽宮城水泉很少，無水飲用，瘴疫又流行，只好祈求媽祖保佑，第二天，井中湧現大量甘泉，汲取不竭，軍心才穩定下來，因這一口大井可供應萬軍飲用，被稱為「萬軍井」（圖6）。

在澎湖攻敵時，部將們都看到媽祖彷彿在上方，又像在左右。平海的人也說看到媽祖神像的衣袍濕透，深信是媽祖顯靈助戰（圖7），而媽祖更早有預言：「二十一日必得澎湖，七月可得臺灣。」[4]

圖7 媽祖助戰圖
（中研院臺灣史研究所翁佳音教授提供）

圖8 輝煌海溢與神昭海表匾

（上）一六八四年，施琅率征臺將領捐出薪俸，將寧靖王府改為大天妃宮。康熙皇帝御賜「輝煌海溢」匾額。

（下）一七二六年，雍正皇帝親自書寫「神昭海表」匾式，在湄州、臺灣、廈門三地天后宮重製懸掛。

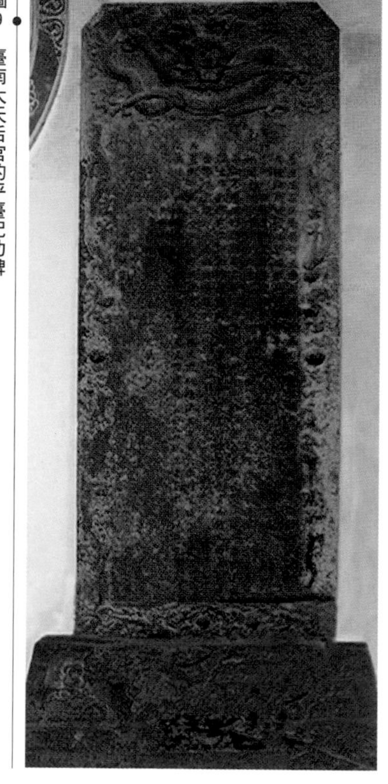

圖9 臺南大天后宮的平臺紀功碑

碑文中完全沒有提到媽祖的功勞，可見施琅捐俸建廟不是為了彰顯媽祖。

康熙皇帝在湄洲島建天妃廟，媽祖再被升級，封為「護國庇民妙靈昭應仁慈天后」，是清朝廷第二次對媽祖表達尊崇。施琅順著旨意，率領征臺將領捐出薪俸，將寧靖王府改為大天妃宮[5]，大天妃宮改建完成後，康熙皇帝賜「輝煌海澨」匾額（圖8）。

施琅在廟中所立的「平臺紀功碑」（圖9）則完全沒有提到媽祖的功勞，可見他捐俸建廟不是為了彰顯媽祖，而是因霸占寧靖王府「一元子園」作為宅第，怕被朝廷調查，於是將寧靖王府中奉祀大明正朔的一殿改奉祀媽祖；並將右側寧靖王辦事廳改奉觀音，作為旁殿；左側宗人府（掌管皇族事務的官署）改為民居，並對外宣稱寧靖王府已改建為大天妃宮。雖然如此，清朝統治臺灣後，大天妃宮還是第一座官建媽祖廟，規模居各媽祖廟之首，自然成為臺灣媽祖信仰的中心。

臺灣的媽祖信仰在施琅過世後停滯一段時間；二十四年後，翰林海寶、徐葆光奉命出使琉球回來，以媽祖默默助佑有功，將媽祖列入朝廷的春秋祀典。一七二〇年，大天妃宮改名為大天后宮，成為臺灣奉祀媽祖的首廟，此後媽祖逐漸取代玄天上帝，成為臺灣人民信仰的主流。

隔年，臺灣發生第一起抗清民變——朱一貴事件[6]，率兵來臺平亂的福建水師提督是施琅第六個兒子施世驃，他年少時曾隨父親攻打澎湖，非常瞭解如何運用媽祖信仰作為心戰武器，於是也造出媽祖顯靈保佑清軍的事蹟，例如：大軍所到之處，乾枯的井水湧出甘泉，臺灣七鯤鯓沿海中有淡水可喝等，內容和施琅所奏差不多，可見是舊技重施。

朱一貴事件平定同年，施世驃病逝於臺灣，次年康熙皇帝逝世。五年後，施世驃的副手、繼任福建水師提督的藍廷珍，上奏媽祖庇佑攻臺清軍的神蹟。奏摺送到北京後，雍正皇帝親自書寫「神昭海表」匾式（圖8），在湄州、臺灣、廈門三地天后宮重製懸掛。

因朱一貴事件，清朝廷在臺灣增設彰化縣[7]，施琅姪兒兵馬司副指揮施世榜買下彰化原住民土地，並修築八堡圳，取濁水溪水灌溉鹿港及彰化地區的農田；又從家鄉晉江招徠大量移民開墾，迅速將鹿港變成施家控制的港口。

之後臺灣人民爆發抗清事件時，鹿港居民都站在支持清朝廷的立場；而媽祖廟更是支持清朝統治的象徵，於是施家在鹿港海口捐獻土地，興建今鹿港中山路的天后宮（舊祖宮）（圖10），做為居民信仰中心。

一七八六年，臺灣發生最大規模的民變——林爽文事件[8]，清朝廷派陝甘總督福康安率軍來臺協助鎮亂，從施家所控制的鹿港登岸，歷時兩年平定變亂。有人指出「只攻下彰化縣城，卻沒拿下鹿港」是林爽文失敗的關鍵因素。

事件平定後，福康安在彰化縣鹿港鎮埔頭街建「新祖宮」（圖11），並擴建臺南市西區長樂街「海安宮」為官建媽祖廟，親自撰寫兩座媽祖廟建造碑文，強調因媽祖相助，十萬清軍才能在一天內順著海潮抵達臺灣，而且清軍一到，反亂勢力立刻瓦解了。據《平臺記事本

圖10 鹿港舊祖宮（大天后宮）
媽祖廟是支持清朝廷統治的象徵，施家捐獻土地興建鹿港天后宮，做為居民信仰中心。

圖11 鹿港新祖宮
福康安平定林爽文事件後，在彰化縣鹿港鎮埔頭街建新祖宮。

末》記載，大批清軍抵達時，鹿港居民都到海口迎接，並設香案祭拜，簡直像迎接媽祖大軍。在在都是告誡大眾：媽祖再三幫助清朝廷平定臺灣亂事，臺灣人民也應順從清朝的統治。

媽祖信仰從此獲得清朝廷鼎力扶持，如日中天快速發展；加上清朝廷在臺灣設立番屯制度[9]，臺灣西岸平原及丘陵地漸漸不再被原住民侵擾，福建和廣東移民大量湧入，各地紛紛建立媽祖廟，建了媽祖廟的地方，即代表著清朝政權掌控所在。

林爽文事件後七十六年，彰化地區又發生為期三年的戴潮春之亂，大甲城岌岌可危，傳說鎮瀾宮[10]的乩童被媽祖附身指示：「今夜大難。」並當眾對著上空畫了一符咒，聲稱已壓住災難。果然，夜裡四更，賊徒從南門進入並引燃火藥爆炸，天空忽然降下大雨澆熄火勢，媽祖顯靈化解大災難，使得大甲民眾士氣振奮，更心向清朝廷了。

北港朝天宮[11]也傳說戴潮春事件當時，居民迎神轎到廟庭，神轎的擔子突然飛起來，直立在神桌上，寫出「今夜子時速以黑布製旗二面，各長七尺二寸，闊三尺六寸，上書『金精、水精大將軍』字樣，立吾廟前」。居民立刻照著指示製作旗子，戴潮春徒眾打到北港附近時，民眾請示媽祖得到指示：「避，不吉。戰，吉。」民眾殺賊時，隊伍前端拿著那兩面黑旗，賊兵看到黑旗下彷彿有眾多人馬，而且異常魁武，以為是神兵，因而害怕退卻；之後開戰，北港軍隊一定拿出黑旗，每次都能打敗亂賊。

簡言之，清朝廷先是以媽祖替代明鄭奉祀的玄天上帝來攏絡民心，後來多次借媽祖顯

圖12 鹿港泉郊祭祀的媽祖與眾神明
（鹿港泉郊基金會提供）

靈幫助清軍的神蹟應付民變，強化清朝統治是順應天意，以鞏固政權。

除了政治因素之外，臺灣的媽祖信仰更因商業活動而興盛，各地媽祖廟附近自然而然發展出市集。清代臺灣商業主導者是經營臺灣與大陸兩岸貿易的「郊行」[12]，郊行為祈求往來臺灣海峽的船隻在風濤險惡中人貨安全，奉海神媽祖為「行神」。隨著郊行遍及臺灣南北重要港市，媽祖信仰也日趨鼎盛。

各郊行除了是總批發商、進出口貨商、同業聯合公會，更有神明會的功能，非常注重祭祀[13]。每年農曆三月二十三日媽祖生日，各地郊行會舉行大祭（圖12），由郊行領袖擔任主祭者，祭祀後舉行會議，商定公共事宜，如議定貨價、處罰犯規者等，最後獻戲娛樂神明，並藉此聯絡感情，鼓勵同業團結，禁止惡性競爭。商人之間有了紛爭，都在媽祖神像前立誓獲得解決，官府乾脆在廟前設立公斗、公秤，讓各方做生意秤斤論兩時有所依據。

經過清朝廷計畫性宣揚與祭祀、加封號、賜匾額、建廟宇，臺灣人更虔誠篤信媽祖，福建與廣東移民在共同信仰下，逐漸融為一家人；加上商業活動的推波助瀾，媽祖信仰更蓬勃發展。

附註

1. 關聖帝君在臺灣民間信仰中是財富守護神，早期渡海來臺者有不少人從事兩岸貿易，因此關聖帝君信仰相當興盛。除了玄天上帝和關聖帝君廟，還有六所保生大帝廟、四所玉皇太子廟、三所觀音寺、三所五穀神農廟，以及城隍廟、馬王廟、王公廟、東嶽廟、彌陀佛寺、五行帝廟、孔子廟各一所。

2. 雖然臺南居民都相信開基天后宮（又稱小媽祖廟或水仔尾媽祖廟）創建於鄭成功趕走荷蘭人的一六六二年，但明鄭時代的臺灣文獻多已被清人銷毀，只能從清初所編方志瞭解明鄭時期臺灣各種祠祀情形。清康熙年間的《臺灣縣志》詳細記載各時期所興建的臺灣府、縣廟宇。荷蘭時期興建者寫「紅毛時建」；明鄭時期興建者寫「偽時建」；清朝統治後建者直接寫「康熙某年建」；而一六八三年八月鄭克塽投降到一六八四年四月清朝廷正式設立臺灣府期間所建廟宇寫「開闢後建」。開基天后宮書寫為「開闢後，鄉人同建，在水仔尾。」

3. 漕運是利用天然或人工河道運糧供給首都，含括徵收、運送、倉儲等複雜程序。漕運制度創立於秦、漢，歷朝統治者皆採用，尤以清代制度最為完備，為漕運極盛時期，直到一九〇一年（光緒二十七年）才畫下休止符。

4. 為何施琅在征臺過程中，上奏給康熙的奏摺都沒有提到媽祖神蹟，直到平定臺灣後才提起？學者石萬壽認為，因施琅是明鄭降將，在征臺的軍事行動與臺灣棄留問題上，態度頗強勢。康熙皇帝對他印象惡劣，批評他粗魯、沒學問、度量狹小，仗著一點功勞驕傲放縱。施琅聽到批評，擔心遭殺身之禍，剛好看到朝廷邸報「冊封琉球正使汪楫請加封媽祖」報導，便趕緊將平定臺灣的功勞歸功於媽祖助戰。學者宋光宇主張，施琅征臺時，媽祖神佑的傳說已經流行，只是施琅在報告中沒有提到，而把功勞歸給康熙皇帝的「天威」。

5. 康熙年間的各地方志都稱媽祖為「天妃」，可見「天后」未被引用。

6. 參見13.客家人的義民廟。

7. 清朝統治臺灣後，臺灣原本設臺灣（今臺南）、鳳山（今左營）、諸羅（今嘉義）三縣，彰化原名「半線」，屬諸羅縣。一七二一年參與朱一貴事件者流動的範圍南從今屏東，北到今彰化、南投等地。事件規模之大，波及之廣，前所未有，更突顯清朝統治無力。後來臺灣參與平定的藍鼎元建議半線以上另設一縣，以加強管轄。一七二三年，清朝廷才將今雲林虎尾到臺中大甲間設置為彰化縣，意即「顯彰皇化」，是彰化設縣的開始。

8. 參見13.客家人的義民廟。

9. 以熟番為主要武力的軍事屯田制度，挑選健壯的番社壯丁駐社防守，按兵額多寡給予田畝，無事則耕種田地，有事則參與戰爭，達到兵農合一的目的。

10. 一七二八年（雍正六年），福建興化莆田縣湄洲人林永興夫婦來臺，途經大甲堡，定居謀生。隨身有媽祖神像一尊，安奉廳堂朝拜；後因番亂，人民需要精神寄託，而建起小祠；又因香火日盛，一七七〇年（乾隆三十五年）改建為廟宇，命名為「天后宮」或「大后宮」；一七八七年（乾隆五十二年）再經官方翻修，改稱「鎮瀾宮」。

11. 北港古名笨港，是臺灣最早有漢人進入開發的區域之一。北港朝天宮媽祖神像是一六九四年（康熙三十三年）由福建莆田縣湄洲天妃宮的僧侶樹壁由朝天閣迎請而來，建廟後即由樹壁和尚及傳人一脈相承，直至日治時期共傳承十七代。一九二一年（大正十年）改由臺南市竹溪寺僧眼淨和尚及傳人住持至今。

12.參見12.一府二鹿三艋舺。

13.原先郊行祭祀的神明還有同為水神的「水仙尊王」，不過後來為媽祖信仰所凌駕。

大事記

1156 ■南宋高宗封媽祖為靈惠夫人，是朝廷給媽祖的首次封號

1604 ■荷蘭人入侵澎湖時，馬公已有媽祖天妃宮

1662 ■鄭成功趕走荷蘭人後，陸續興建三十九座廟宇

1665 ■鄭經興建全臺第一座官建玄天上帝廟

1680 ■清軍擊敗明鄭水師，清朝廷第一次對媽祖表達尊崇

1684 ■施琅興建臺灣首座官建媽祖廟大天妃宮

1694 ■北港朝天宮建廟

1696 ■臺灣媽祖信仰在施琅過世後停滯一時

1720 ■臺南大天妃宮改為大天后宮，媽祖逐漸取代玄天上帝，成為臺灣人民信仰主流

1721 ■臺灣發生第一起抗清民變「朱一貴事件」，施世驃率兵來臺平亂

1723 ■彰化設縣

1725 ■施琅姪兒施世榜捐地興建鹿港天后宮

1728 ■大甲鎮瀾宮建廟

1786 ■最大規模民變「林爽文事件」爆發

1787－1788 ■福康安平定林爽文事件，在鹿港建新祖宮、擴建臺南海安宮

1862－1864 ■彰化發生戴潮春之亂，大甲鎮瀾宮及北港朝天宮皆傳出媽祖神蹟

11 臺灣棄留

你以為：鄭克塽投降後，康熙因施琅建議而納入臺灣

事實是：康熙經過十個月考慮才做出決定，對臺灣發展造成不利影響

一六八三年七月十六日，施琅打敗劉國軒，攻占了澎湖。四天後，向康熙皇帝（圖1）上呈〈飛報大捷疏〉，奏書中報告海戰過程，請示關於澎湖、臺灣定位的腹案，同時建議派內大臣與福建督撫會商攻占臺灣的善後事宜，開啟了「臺灣棄留」議題。

施琅這次出征是家族總動員——軍隊中有他的四個兒子[1]、親屬，以及福建晉江潯海（今福建晉江縣衙口村）的施氏族人；是施琅三十歲投降清朝直到六十二歲半生努力的志業，也是家族發展的重要契機。

施琅對臺灣有私人利益的盤算，但只有征剿的軍事權力，對臺灣的善後處理沒有說話

圖1 康熙皇帝畫像

餘地，只好透過一次次上奏，企圖說服康熙皇帝，爭取並維護對自己最有利的狀態。

施琅攻下澎湖，隨即發布〈曉諭澎湖安民示〉，攏絡民心（圖2）。至於臺灣問題，雖然康熙皇帝遲遲不給明確指示，他仍逐步進行。

七月底，鄭克塽派人向施琅請降[2]，提出希望繼續留在臺灣，被施琅否決，同時要求將臺灣人民及土地都納入大清版圖。九月初，鄭克塽只能按照施琅的要求辦理，派劉國軒胞弟劉國昌等人將修正後的降書送到澎湖。

施琅收到降書後，隨即對臺灣軍民發表〈安撫輸誠示〉[3]，並派遣侍衛吳啟爵等人出發前往臺灣，宣布指示，並監督鄭軍官兵剃髮的情形。

圖2　澎湖施公祠

施琅頒布〈曉諭澎湖安民示〉，蠲免澎湖居民三年傜役、差役，這策略頗為成功，施琅在澎湖至今還是頗受尊敬。此祠是一六八四年施琅受封為靖海將軍侯所蓋的生祠，原稱施將軍廟。一八四三年重建，改稱施公祠。原址在今澎湖醫院附近，一九一四年日本統治時期，為蓋醫院徵地，才遷至馬公市中央里。

但直到這時，康熙皇帝對施琅是否有能力拿下臺灣，還抱持著懷疑態度；因此只派人到福建料理軍隊糧餉事務，沒有派出商議臺灣善後事宜的大臣。

九月十四日施琅上奏〈臺灣就撫疏〉，向康熙皇帝報告臺灣投降的進度，且預告準備親自前往臺灣受降。對於臺灣的後續問題，包括人民是否繼續留在臺灣、或者遷回大陸、身家財產及土地能否保留等，希望康熙能迅速做出決定，以免造成人心浮動。

十七日，施琅讓鄭克塽繳上延平王印，完成了投降就撫程序。兩天後，施琅又上奏〈賚剿冊印疏〉，請求康熙皇帝迅速派遣戶部與兵部官員前來處置臺灣官兵的戶口等，以便他能班師回大陸，並請到過臺灣的官員吳啟爵等回去後，將看到的情形向朝廷報告。

鄭克塽七月底的請降書，康熙皇帝直到九月十七日才收到，他將「是否接受鄭克塽等人投降？」提交國議（議政王大臣會議）[4]討論後下令：鄭克塽率領所屬部眾遷回大陸，就接受投降。可見到此為止，施琅對臺灣的處置都走在康熙皇帝的命令之前。

十月三日，施琅以清朝廷最高行政與軍事負責人身分，由澎湖抵達臺灣鹿耳門。兩天後，正逢中秋節，舉行了受降儀式。十月八日，施琅收到由姚啟聖所轉來准許鄭氏歸降的諭旨，在赤崁樓宣讀，確立了清朝廷對臺灣的統治權。這天，鄭克塽等人正式剃髮。

為了避免引起臺灣人民的抗拒，施琅以仁義之師姿態，除了對鄭家展現了不殺的恩情[5]，又分發米糧給歸降的官兵；更發布〈諭臺灣安民生示〉、〈嚴禁犒師示〉告示[6]來安定人心。

康熙皇帝於十月五日將施琅一連串請示臺灣善後處理的奏書提交國議，會議結論是等鄭克塽率領部眾回到大陸，先由地方層級的福建總督、巡撫與提督等進行討論，再向朝廷提出意見，做為「臺灣棄留」決策的參考。

施琅十月九日再上奏〈舟師抵臺灣疏〉，報告來臺的過程，稱讚臺灣「土地肥饒，出產五穀，沃野千里，人民土番雜處，甚為稠密」，請康熙皇帝決定臺灣棄留。他還強調為穩定現狀，臺灣應保持對外貿易。

施琅又到鄭成功墓（圖3）前磕頭跪拜，說：「忠孝不能兩全。」雖然鄭芝龍曾提攜施琅父親和施琅，對他們父子有恩；但因鄭成功處死了施琅父親和哥哥，揹負著家仇之恨，為滅鄭行動找到了合理解釋，而一切布局都顯示施琅是有備而來。

十月中下旬，施琅派船將鄭室宗族、朱姓子孫、文武官員暨家眷陸續載回廈門，由福建總督姚啟聖處理安置事宜。鄭克塽等既然被遣送回大陸了，「臺灣棄留」問題就浮上了檯面。按國議的結論，姚啟聖、福建巡撫金鋐與施琅都有權參與臺灣善後討論。

挾著勝利的餘威，意氣風發的施琅在臺灣停留期間，親自到南北實地考察，鄭氏降將劉國軒提供了不少有關臺灣的情報與意見，讓他對這塊征服的土地有了更清楚的規劃。

朝廷未派官員治理臺灣期間，施琅成了名正言順的接收者。據說康熙皇帝賜跑馬四日

圖3 鄭成功墓址

鄭成功墓址位於臺南市永康區鹽洲里國聖街與正南六街交口處。文獻所載，鄭成功葬於今臺南市武定里洲仔尾，鄭經亦葬於墓旁，一七〇〇年，清朝廷將鄭成功父子歸葬故鄉福建泉州府南安縣，原墓址漸毀以致荒廢，至今無法確認位置，一九八〇年臺南縣政府立「鄭成功墓址紀念碑」。

所經之地皆歸其所有，所占土地共五十五莊（約七千五百甲），即今北港溪以南，南至高雄市前鎮區籬仔內，包含今嘉義縣新港鄉、臺南市北門區、高雄縣市等，不過如此廣大的範圍，應該不是跑馬四日所得。為了有效管理五十五莊土地，乃設施公租館十處，置管事分掌收租，運送至泉州，交與靖海侯世襲業主。直至日治時期，大部分被收歸官有。

施琅知道明鄭歸降後，朝廷勢必開放海禁，如此一來就無法獨攬臺灣海上貿易的利益[7]，要獨攬臺灣的海上貿易，就需要掌控與臺灣關係密切的英國與荷蘭。

早在鄭克塽決定投降時，臺灣的英國商館人員因與鄭家的關係，恐怕被連累，就先去澎湖見過施琅。施琅到臺灣後，向英國人威脅、索賄，並要他們寫信給康熙皇帝聲稱自己是難民，交換條件是將來可能有機會在中國重建商館[8]。

至於荷蘭方面，施琅一到臺灣，先找到當年被鄭成功留置、監禁、待在臺灣長達二十年的荷蘭俘虜，將他們遣送回國[9]。

其中有位俘虜名為斯哈芬布魯克 (Alexander van's Gravenbroek)，閩南語非常流利，和施琅相談甚歡。施琅為了自身的商貿利益，打算藉由荷蘭人之力，驅使康熙皇帝盡早決定將臺灣納入版圖，於是提出準備將臺灣交還荷蘭東印度公司的想法，請斯哈芬布魯克轉告並探詢巴達維亞官員的意願，並特別交待轉達：希望荷蘭東印度公司以祝賀康熙皇帝征服臺灣、感謝送回俘虜為由，盡快向清朝廷朝貢，以便安排貿易事宜。施琅還要斯哈芬布魯克假冒巴達維亞官員，寫信向康熙皇帝致意。

施琅想讓英國和荷蘭認為自己權力很大，因而依賴他，就可以扮演類似當年李旦[10]、鄭芝龍[11]及鄭成功[12]那樣掌控臺灣經貿的角色；再者，他也想藉外國人覬覦臺灣，特別是荷蘭想重新占領臺灣來威脅清朝廷，讓康熙以為不留下臺灣是非常危險的。施琅在臺灣占有了土地，掌握了外商，因此康熙皇帝是否留下臺灣，對他的利益非常具有關鍵性。

躊躇滿志的施琅班師回到廈門後，立刻將計畫告訴福建總督姚啟聖，並請姚啟聖將他攜回代表英國與荷蘭的兩封信，轉交給康熙皇帝。

姚啟聖與施琅都是強烈主張「留臺」的人，也是康熙皇帝不信任的福建官員，早在一六八一年，康熙曾派兩名欽差前來調查姚啟聖是否有挪用公款[13]，後來顧慮到他正緊鑼密鼓地籌備攻臺事宜，於是收手不再施壓。

對於臺灣問題，姚啟聖曾連上七、八次奏摺，陳述將臺灣納入版圖才能根除海上禍患，有助地方和沿海治安。而且臺灣有數十萬人口，歲收足夠因應朝廷支出，不會帶來太大財政負擔；並提出平定臺灣之後，福建及沿海各省應採取的善後措施。

但姚啟聖因看到康熙皇帝高度肯定施琅的平臺大功，心裡很不是滋味，上了一份奏章聲稱自己對平定臺灣也有貢獻，包括舉薦施琅出任福建水師提督、籌措糧餉、確保留臺的後勤供應等；又故意以退為進地說自己功勞無法和施琅相比，請皇上把要賜給他的封賞一併加給施琅。

康熙皇帝回覆批評姚啟聖行事虛妄，藉著臺灣剛降附而沽名釣譽，不但取消了封賞，並以他從沒到過臺灣為由，不採納他的意見[14]。

或許因為這些心結，姚啟聖不同意施琅蒙蔽朝廷的計畫，拒絕轉達兩封假冒的書信。但姚啟聖不久後就過世了，施琅成為處理臺灣善後人員中最有力量的發言者，預謀中的計畫更可以順利推展了。

當時福建官員如侍郎蘇拜、福建巡撫金鋐認為臺灣太荒僻，主張放棄。施琅擔憂這些人的意見會影響朝廷做出放棄臺灣的決議，就自行上奏〈恭陳臺灣棄留疏〉，同時附上臺灣地圖，強調臺灣的地理位置攸關中國東南沿海江蘇、浙江、福建、廣東四省的安寧。

施琅指出臺灣數量龐大的居民，若全部遷渡回中國大陸，技術上有困難；如果不守住臺灣，以臺灣的富庶、經濟潛力等各項優越條件，一旦漢人再有機會在臺灣立足，或者落入荷蘭人、日本人手中，甚至讓鄭氏殘留海外的軍事勢力回頭盤據，一定又變成亂源；更藉口荷蘭人等可能隨時引發事端，促使朝廷駐兵臺灣。

施琅還說留守澎湖必先守住臺灣，才能鞏固沿海的海防。臺灣既關係著四省的安危，即使需要依賴內地的物資，也不可以放棄；況且只要將內地多餘的兵員移到臺灣駐守，再沿用鄭成功的治理方法，讓士兵開墾荒地，就能節省兵糧的負擔。

康熙皇帝將這份奏書提交討論，大臣們都沒到過臺灣，大部分都接受施琅的留臺意見。康熙皇帝又裁示議題關係太大，需要提交國議，要求大學士與貝勒、大臣、九卿、督撫等再進行討論。最後，康熙皇帝終於同意派兵鎮守臺灣，但要求福建官員們覆議後續經營辦法。

臺灣的棄留問題為何需要多次考慮與討論？因康熙皇帝原本只想剷除鄭氏勢力，鄭克塽投降後，心頭大患除去，自覺安穩了；再者，除了臺灣之外，還有俄羅斯問題要解決；加上三藩之亂後，社會動盪不安急需復原。如果將臺灣收入版圖，就要設置官署、駐防兵員等，在在都需要經費，將造成國家財政窘困。根本的原因是清朝廷無力管理海島臺灣，又對處心積慮要收服臺灣的施琅極不放心。

那究竟是誰說服康熙皇帝留下臺灣？

康熙皇帝曾多次向元老重臣李光地[15]諮詢臺灣問題。李光地是福建人，比康熙大十二歲；曾與鄭經交手數次，並舉薦施琅負責征臺，對臺灣一地頗有瞭解。康熙皇帝曾形容他「朕知之最真」、「知朕亦無過光地者」。

李光地知道康熙皇帝是要消滅鄭氏，不是要占領臺灣，於是附和他的心意，先以「棄臺」回應，接著才逐步引導康熙思考棄臺的弊端，李光地的說服技巧終於使康熙決定在臺灣設郡縣。對施琅提議「請以萬人永戍臺灣」，為免造成擁兵自重，形成割據的局面，他則建議改為三年輪調一次的班兵制度（圖4）。

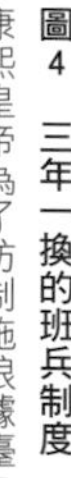

圖4　三年一換的班兵制度

康熙皇帝為了防制施琅據臺為王而採用李光地建議三年一換的班兵制度。班兵大多來自獷悍、有械鬥之風的福建，加上清朝廷種種不合理的措施，臺灣移民社會的莠民亦多，雙方積怨難容，稍觸即發。小者私鬥、姦暴、潛載違禁貨物，大者械鬥、糾眾逞兇，不僅無法守衛臺灣，更成為臺灣治安上的毒瘤。（中研院臺灣史研究所翁佳音教授提供）

真正影響康熙皇帝決定留臺的關鍵人物應該是李光地，而不是施琅[16]。

五月底，以欽差蘇拜為首，福建總督施維翰、巡撫金鋐、水師提督施琅一併重提原案，康熙皇帝批准在臺灣設治駐兵；六月分別指派了新任福建總督王國安與臺灣總兵楊文魁。施琅的腹案終於實現，臺灣被留下來，進入了大清帝國的統治轄區。

臺灣的下一步呢?按施琅的計畫之一是，清朝廷繼續實施海禁，臺灣則成為特殊的自由貿易區，讓英、荷商人透過廈門與臺灣進行壟斷貿易；之二是，若中國沿海開放海禁，就將臺灣交還荷蘭人，讓荷蘭東印度公司轉運低價的南洋貨物到臺灣，使福建商人藉福建到臺灣的交易路線，與走廣東到澳門路線的廣東商人競爭。

確定臺灣歸降後，康熙皇帝派到福建和廣東視察的官員都主張繼續實施海禁，這時中國沿海只剩下臺灣開放對外貿易，施琅想利用臺灣壟斷沿海對外貿易的計畫幾乎成功。接下來，施琅等荷蘭人前來向朝廷要求歸還臺灣，他就可以扮演斡旋兩方的角色，藉機讓荷蘭人在廈門或臺灣設立商館，或者乾脆把臺灣歸還給荷蘭。

但施琅的如意算盤終究抵不過環境情勢的現實，先是康熙皇帝質疑：既然在三藩之亂期間，福建、廣東都已和日本、暹羅、巴達維亞等地和平通商，這時更沒有理由繼續執行海禁政策，因此派官員前往福建、廣東管理稅務機關，落實了開放政策。這時，施琅連忙將已重返廈門開設商館、進行走私貿易的英國人趕走，改讓清朝官員進駐成為廈門稅務機關。

施琅將臺灣交還荷蘭的計謀也未實現，因荷蘭東印度公司總督認為「臺灣缺乏良港，在那裡建立城池沒有好處，公司已損失許多昂貴的船隻」，最後只派出一艘普通商船以接回荷蘭戰俘為藉口，前來蒐集情報，而不是施琅期待的朝貢船。

荷蘭早在一六六〇年代，就逐步撤離中國市場；一六七〇年代起，中國海禁寬鬆，廣東與巴達維亞私人間貿易擴張，使荷蘭東印度公司更無利可圖，對進入中國市場的欲望縮減，取得臺灣作為轉運站的需求更低。

後來荷蘭人到中國，都是去廣東，而不去福建。一方面是福建新任總督不想進行臺灣、廈門和英國、荷蘭之間的特許轉口貿易[17]，一方面是兩廣總督吳興祚一六八四年就默許廣東珠江口外的各國船隻走私，荷蘭人與返航的臺灣船都選擇在廣東交易，使施琅無法在廈門進行壟斷貿易。

臺灣的棄留討論，從一六八三年七月施琅攻下澎湖，到一六八四年五月底確定將納入版圖，前後長達十個月；從一月施琅回廈門到六月底清朝廷派官員就任，前後有將近五個月無政府空窗期。

這段拖延的時間是康熙皇帝與福建官員（特別是福建水師提督施琅）之間的心戰，康熙從來不信任施琅，卻不得不把臺灣交給他處理。

若說臺灣是被清朝統治，不如說是被施琅及他的家族統治（圖5、6）。首位派駐臺灣的最

圖5 臨濮堂——施琅紀念館

位於臺南市將軍區將貴里，由施琅第十八代子孫施鐘响、施永龍等兄弟為紀念先祖施琅所興建。

圖6 施家子孫心聲

施琅第十八代孫施鐘响所題寫。施永龍先生言：有人批評施琅，其實是歷史評價的問題。

高行政長官（即臺廈道）周昌是施琅的心腹。此外，清朝廷長期任用福建水師提督來管理臺灣，從一六八四年之後的三十七年間，福建水師提督一職歷經施琅、張旺、吳英、施世驃等四人，其中除了張旺非攻臺將領之外，其餘兩位都曾隨施琅攻臺，吳英是副將，施世驃是他的兒子。

施琅、吳英及他們的部眾在臺灣奪取大量土地，加上管理不善，治安惡化，反亂不斷，因而造成殘破的程度比經年累月的戰亂更嚴重。更使得漢人的渡臺之路充滿危險，相對於荷蘭時期歡迎漢人移民[18]，施琅為防止更多移民分享在臺灣的利益，嚴格控管移民，特別是禁止他不喜歡的廣東籍客家人來臺，以及限制攜帶家眷等種種限制，使得許多人只能偷渡來臺。

值得思考的是，為何荷蘭時期、明鄭時期，臺灣都是國際貿易的重要據點，但歸入清朝統治後，即使施琅很想讓臺灣維持原有的功能，卻不可得，使臺灣成了康熙皇帝口中「得之無所加，不得無所損」的彈丸之地而已！是時也？還是命也？

附註

1. 參與征臺的有施琅第四子施世驥、第五子施世騋、第六子施世驃、第七子施世驊。

2. 施琅雖然在澎湖打了勝仗，但損失重大，如果要繼續進攻臺灣，必須克服修船備料、補充兵員、等待風汛等三個難題。兩週之後，由於招撫策略成功，加上鄭家評估澎湖失守即將面臨缺糧困境，因而決定投降。臺灣降書送到時，施琅喜出望外。參見8.兩岸諜對諜。

3. 〈安撫輸誠示〉內容為安定臺灣軍民之心，同時要求以剃髮做為形式上歸順的表現。

4. 議政王大臣會議又稱國議、八貝勒共議政制，為清朝前期重要的決策機構，創立於一六三七年（明崇禎十年，清崇德二年）。該會初設成員為八位兼任議政王的貝勒與少數滿籍議政大臣，該會議決事項可不經內閣討論，即可付諸實行。一六四三年，順治帝即位後，該會議再加入漢籍大臣，並將職能擴大為「決定國家重大機密事務」。一六七七年（康熙十六年），康熙帝以南書房為國家行政中樞。一七二九年（雍正七年），設立軍機處，議政王大臣會議名存實亡。直到一七九一年（乾隆五十六年），該會議正式廢除。

5. 施琅報復鄭家之仇，雖不殺之，但遣送入京，使其家族承受物質困頓、行動受管制的折磨外，更毀了鄭氏一門忠義之節，實甚於誅殺。

6. 〈諭臺灣安民生示〉內容包括社會秩序、民生物價、租賦差徭等三項；〈嚴禁犒師示〉是禁止地方保甲等鄉紳以犒師為由，發動地方居民歡迎清軍的行動。

7. 清朝廷原為了防制沿海居民與明鄭勾結而施行海禁，但沿海各地外商與居民間的走私活動從未曾間斷。明鄭歸降後，海禁政策的目標已然達成，理當撤廢。如此一來在廣東、福建沿海，以及臺灣的貿易商之間，勢必有新一波競爭。施琅起程到臺灣之前，曾警告廣東官員說：這段期間不得與歐洲人貿易，並要他們召回載貨的船隻，否則要向康熙皇帝告狀，說在需要調集兵力作戰時，竟允許出船與歐洲人交易。施琅的動作有宣示海上走私生意能否繼續運作，將由他來掌握的態勢。

8. 參見7.鄭經和英國人。

9. 姚啟聖曾轉告施琅，停泊於福州的荷蘭商船於九月二十一日向他遞交請求書，表示至少有七名俘虜仍在臺灣，希望清軍登陸時不要傷害他們，並暫時墊付他們的生活開銷。施琅來到臺灣後，就找出被鄭成功留置、監禁的荷蘭俘虜，一六八三年十二月底，讓十一位荷蘭俘虜及眷屬，以及一位英國東印度公司職員，搭上隸屬暹羅王的船隻離開臺灣。

10. 參見2.荷蘭人為什麼來臺灣。

11. 參見3.荷蘭人在臺灣做什麼生意。

12. 參見6.鄭成功如何趕走荷蘭人。

13. 三藩之亂期間，福建主政者耿精忠與廣東主政者尚之信均鼓勵手下商人前往日本與東南亞貿易，以支應財政開銷。臺灣主政者鄭經也占領福建海澄、廣東南頭（珠江口東北面）水域，以經營對中國的貿易。一六八〇年代起，清朝廷逐步掌握福建、廣東兩省後，開始整肅耿、尚兩藩的外貿商，廣東外貿商遭到全面壓制；福建外貿商則在姚啟聖籌備征臺軍需的理由下苟延殘喘。不過姚啟聖挪用公款的罪行，實際上是利用走私貿易賺取軍餉。

14. 姚啟聖確實在平臺之役上有功勞，上任福建總督，為了舉薦施琅，不惜以全家百餘口性命為擔保，且修建船隻，招募水師，全力籌集糧餉和各種軍用物資等。他的奏疏讓康熙皇帝覺得有越權嫌疑，但不能說他的意見沒有任何影響，在對臺灣決策與定位上，應該是發揮了隱性的效果。

15. 李光地在朝為官數十年，官至直隸巡撫、吏部尚書、文淵閣大學士。

16. 後世研究者認定施琅是影響康熙皇帝決定留下臺灣的主要人物，是參考他的《靖海紀事》，其中完整收錄了上奏給清朝廷的奏摺。

17. 一六八四年八月二十六日，施琅由廈門啟程至福州會見王國安，商議臺灣、廈門貿易事宜。爭議焦點在於「臺灣應得錢糧數目？白糖、鹿皮可否興販？」施琅主張按照現有福建預算來支應臺灣駐兵，王國安則主張以臺灣本地興販的收入來支應駐兵。一旦對臺灣白糖、鹿皮的交易徵稅來支應駐兵薪餉，施琅將無法以要軍餉為由，實施臺灣、廈門與英國、荷蘭東印度公司特許轉口外貿。這一盤算才是施琅不斷要求暫緩臺灣開徵稅務的原因。

18. 參見4.漢人移民臺灣。

古今官名對照表	
清朝綠營軍階由高至低分別為提督、總兵、副將、參將、游擊、都司、守備、千總及把總。	
提督	是武官中最高階者。水師提督約等於今海軍軍區總司令。
都督	是武官中的虛職，不常設，或者是出兵時臨時增加的官銜。
總兵	武官，大約是中少將。
總督	文官，負責相鄰一省至數省事務，管轄地方民政、司法及軍隊。
巡撫	文官，負責一省的地方民政、司法及軍隊，權力大於今僅負責行政事務之省長；今之省長只管轄一省行政事務，大致相當於清代的布政使。

大事記

1683 ■七月二十日，施琅攻占澎湖後，上呈〈飛報大捷疏〉
七月二十七日，施琅發布〈曉諭澎湖安民示〉
七月三十一日，鄭克塽、劉國軒遣使降清，請求留居臺灣
九月一日，劉國軒胞弟劉國昌、馮錫範胞弟馮錫圭攜降表往澎湖
九月五日，施琅請姚啟聖轉交降書給康熙皇帝
九月六日，施琅發布〈安撫輸誠示〉
九月九日，康熙皇帝命蘇拜前往福建料理軍隊糧餉事務
九月十四日，施琅上奏〈臺灣就撫疏〉
九月十七日，鄭克塽繳出延平王印；康熙收到請降書，召開國議
九月十九日，施琅上奏〈賚剿冊印疏〉
十月三日，施琅抵達臺南鹿耳門
十月五日，鄭克塽投降儀式在赤崁樓舉行；康熙召開國議
十月六日，康熙皇帝接受投降的諭旨送達臺灣
十月七日，姚啟聖上奏請求將臺灣納入版圖
十月八日，施琅於赤崁樓宣讀「准許鄭氏歸降」詔書
十月九日，施琅上奏〈舟師抵臺灣疏〉
十月十日，施琅發布〈諭臺灣安民生示〉、〈嚴禁犒師示〉
十月十二日，施琅祭拜鄭成功墓
十月十三日，施琅率吳英等巡視臺灣南北二路
十月十八日，將明宗室朱桓等移入內地
十月二十五日，渡載鄭克塽、劉國軒、馮錫範及鄭氏官兵到大陸
十月二十九日，康熙加授施琅靖海將軍，封靖海侯，世襲罔替

1684 ■一月八日，留吳英鎮守臺灣，施琅班師回澎湖
一月十七日，施琅到福州與蘇拜、金鋐等人進行善後會議
一月二十四日，姚啟聖逝世
二月七日，施琅上奏〈恭陳臺灣棄留疏〉
三月二日，明朝後裔及鄭氏官兵安置直隸、河南、福建等地
五月二十七日，清朝廷明詔臺灣正式納入版圖，隸屬福建省
六月十四日，康熙皇帝指派王國安為新任福建總督
六月二十二日，派任楊文魁為臺灣福建總兵

12

一府二鹿三艋舺

你以為：臺南、彰化鹿港、臺北萬華（艋舺）是清朝廷開發的

事實是：這三大港口城市全是民間自力開發、自然形成的

俗諺「一府、二鹿、三艋舺」是城市繁盛的排名[1]，也反映了臺灣從南到北的商業發展過程。全臺在開發的經濟繁盛時期，最重要的商業據點分別是府城（今臺南）、鹿港（位於彰化縣）、艋舺（今臺北萬華）。

臺灣土地是依「由南向北，先西後東」的順序開發，以府城為中心，逐漸向北延伸。十八世紀初，西部平原就呈飽和狀態，臺北盆地此時已大規模拓墾了[2]；直至十九世紀中葉，從南到北大多已完成開發，各地港口營運多時，經濟貿易相當繁榮。只是這樣的發展過程完全不是清朝廷所規劃，而是由民間自力開發、自然形成的。

自一六八三年清朝統治臺灣之後，為了避免臺灣再度淪為亡命之徒的聚集地，隔年頒布「渡臺禁令」，限制人民前往臺灣；即使如此，移民仍前仆後繼來到臺灣（圖1）。一六八四年臺灣的漢族人口數量不到七萬人，一八一一年已達一百九十四萬餘人，一百多年時間，人口數增加將近二十八倍。吸引福建移民來到臺灣的物產，主要是「米」和「糖」。

「唐山[3]過臺灣」的熱潮究竟是當年閩南人因福建耕地不敷使用，才不得不冒險？還是閩南人重利，因「臺灣好趁食」[4]而前來開拓？

福建地區因為人多田少，地力不足，缺乏米糧，是最早發展經濟作物的地區，唐末五代時期就以產茶著名；宋代普遍栽種甘蔗與木棉、荔枝、橄欖；到了明代，更增加了苧麻、藍靛、菸草等作物，這些經濟作物逐漸脫離農家副業性質，愈來愈趨向商品化；而大面積耕種經濟作物，卻造成米糧收成不足。

十六世紀中葉的明朝，福建地區缺米情況嚴重，米糧必須仰賴外來輸入，因此走私米糧成了有利可圖的生意。

隨後，葡萄牙人和日本人開始出現在福建、浙江沿海，增加了閩南人對外貿易的機會，逐漸養成冒險與謀利的精神，福建漳州月港（即明鄭之海澄，今龍海市）因此成為海上貿易的走私中心。

早在荷蘭統治時期就鼓勵臺灣漢人種稻，但產量不是很充足。清朝統治之後，既然走

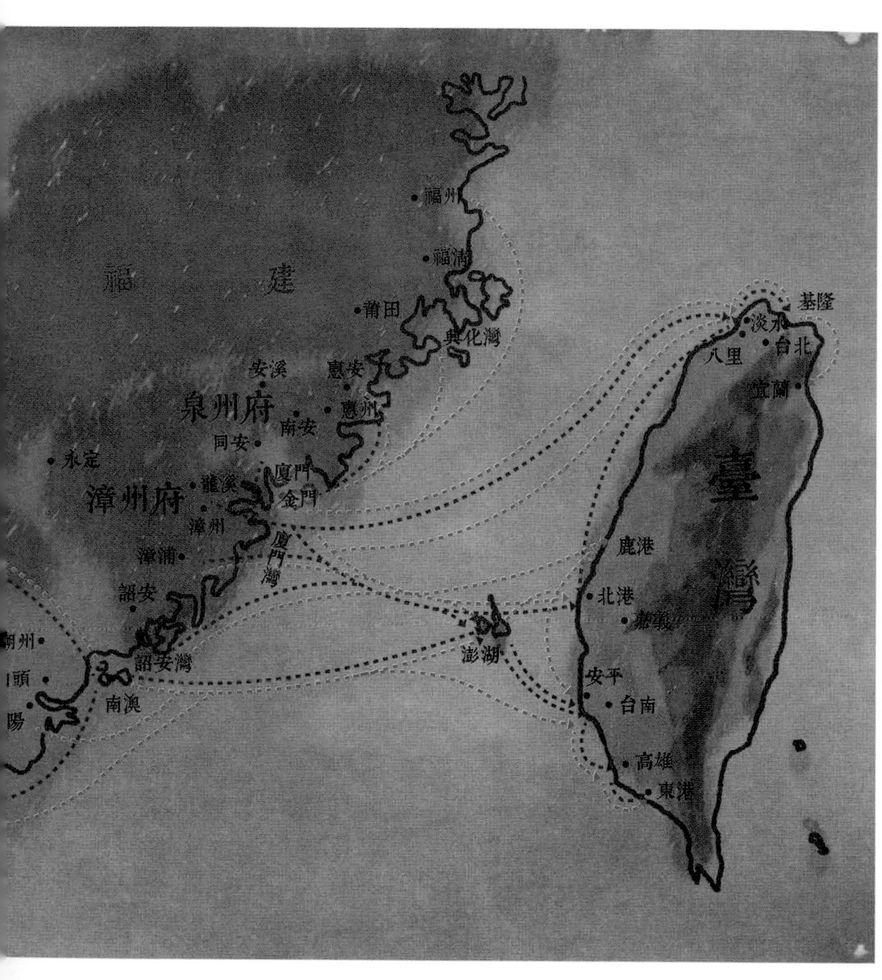
福
建
福州
福清
莆田
興化灣
安溪
惠安
泉州府
南安
惠州
同安
永定
龍溪
廈門
金門
漳州府
漳州
廈門灣
漳浦
詔安
詔安灣
南澳
澎湖
基隆
淡水
台北
八里
宜蘭
臺
灣
鹿港
北港
嘉義
安平
台南
高雄
東港

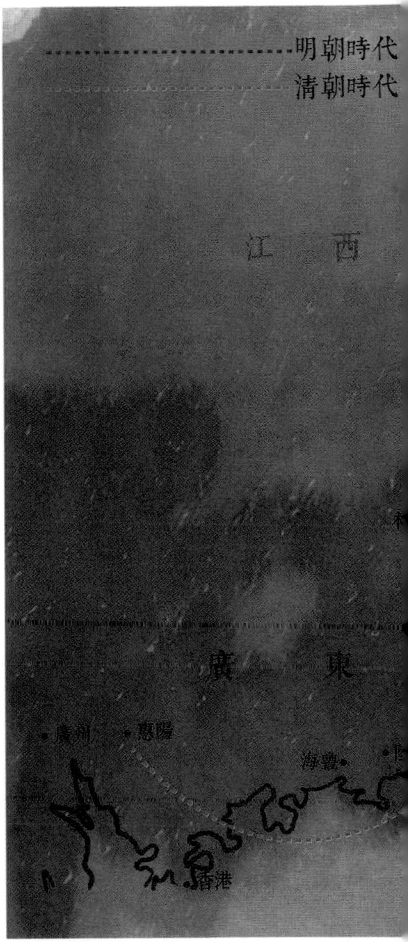

圖1 漢人移民臺灣路線圖

私米穀到福建銷售有賺頭，就有些漢人想到來臺灣種植稻米，再回銷福建等缺米地區。

至於蔗糖從荷蘭時期就有種植，清朝統治後，依然是重要的經濟作物。乾隆年間，臺灣（今臺南）（圖2）、鳳山、諸羅（今嘉義）三縣[5]每年產糖量超過一億斤，由閩南商人運銷到長江三角洲和福建、浙江一帶。

臺灣土地的開墾在荷蘭時期是由官方資助；明鄭時期是由官方規劃，以屯田方式拓墾；清朝時期則由有力之家族擔任墾首（又稱墾戶），向官方申請開墾地區，取得開墾執照後，自行招募佃農來開墾土地。

這種民間開墾方式需要大筆資金和勞力，還可能會遇上原住民的阻撓，風險相當大。為了湊足資金，發展出類似現代企業的股份制，以合股方式募集資金；不僅墾首以合股的

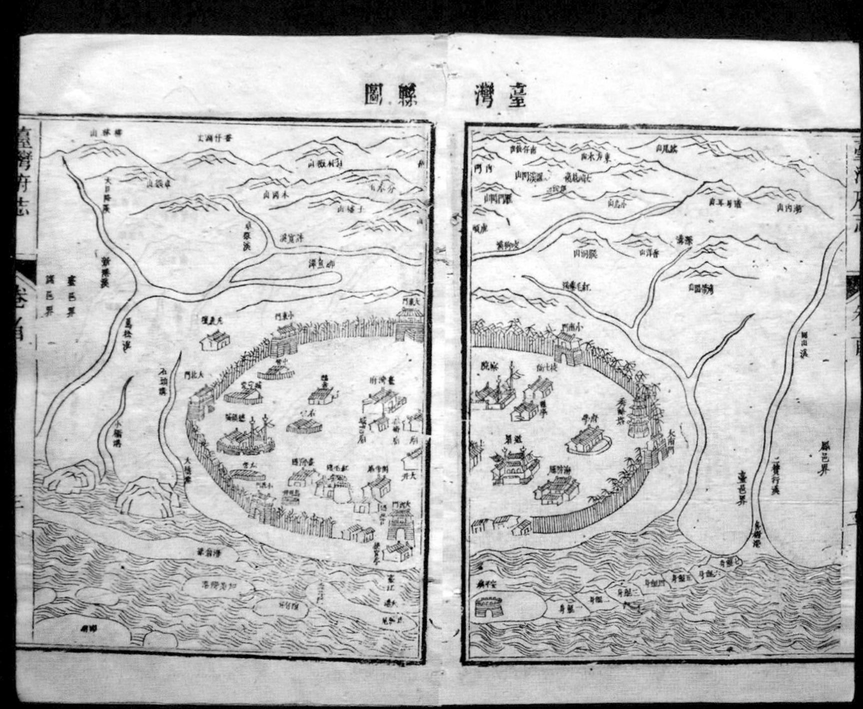

圖2　臺灣縣（今臺南）
（秋惠文庫提供）

圖3 八堡圳源頭

方式進行，佃農也以合股方式向墾首承租土地。

這些墾首們大多住在城市中，把名下的土地租給佃農耕作，或是把墾務交給聘請的管理人經營。他們將收入（主要是利息）與支出（開圳水費、供粟、公費）計算後所得盈餘按股平均分配，如果有虧損則依股份數分攤。墾首股東因本身財力不足或其他原因需要調度資金，可以轉讓所持有的股份。漢人用這種方法開拓臺灣西部平原地區。

圖4 臺大生態池

目前臺灣大學校園內圳道，屬於瑠公圳大安支線的一部分。

在稻米種植區，必須在水圳興建完成、取得固定水源、成為「田」之後，才算真正完成土地的開墾；因此土地拓墾會伴隨著水利開發，十九世紀初，已完成八堡圳（圖3）、瑠公圳（圖4）等重要水利設施。

八堡圳因為灌溉區域包括當時彰化縣十三個堡中的八個而得名，十八世紀初由施琅的姪兒施世榜出資興建，又名施厝圳，引濁水溪水灌溉彰化平原南部一萬二千餘甲農地。開發過程困難重重，傳說有位「林先生」繪圖教他疏鑿的方法，因此在圳頭（位於今彰化縣二水鄉源泉村）附近建有「林先生廟」（圖5）。從一七〇九年起十年間，共投資九十五萬兩銀才開鑿完成。

瑠公圳是臺北盆地內最大的水利設

圖5　林先生廟

林先生廟位於彰化縣二水鄉源泉村員集路。相傳施世榜開鑿八堡圳時遇到困難，無法順利導引溪水入埤圳；此時有位自稱姓林的老叟出現，授與水利圖說，重新以「土工法」開鑿施工後，終於大功告成。八堡圳開通後，備金酬謝，老叟卻功成身退，不知去向，鄉民感念其恩澤，而於圳頭附近興建此廟。

施，十八世紀中葉由郭錫瑠父子相繼建成，從如今新店烏來山區引青潭水源，灌溉臺北盆地東南區一千二百餘甲農地。興建過程中，水源常遭泰雅族人破壞，後來郭錫瑠娶泰雅族女子為妻，才獲得解決。從一七四〇年開始興建，後因資本短缺而停工；一七五二年繼續開鑿，到一七六〇年完成，耗時二十年。

水利興築的方式有獨資、合股、割地換水、業者和佃戶合作等。水圳開鑿完成之後，稻米一年可兩熟、每單位面積的產量提高、可抽收水租，利潤極高。只是投資的資本龐大，再加上開鑿過程的技術困難、原住民的破壞等問題，需要有極強的冒險與謀利精神才能完成。

移民開墾土地進行農業生產之外，也會匯聚成城市。早期移民都是乘船渡海來臺，能停泊船隻的河港或海港總是先發展成為根據地，「一府、二鹿、三艋舺」都是因港口而形成的城市。

因為早期移民臺灣以男性為主，手工業不發達，生活必需品和建築材料都必須從大陸輸入；同時要把臺灣米、糖等產品運銷到大陸各地，兩岸形成「區域分工」的經濟模式。加上臺灣早期各地密布大小的河川，造成陸路運輸不便，貨物往來更需仰賴港口，港口所在地因而發展成城鎮。

隨著臺灣人口日漸增加，需求與市場擴大，臺灣與大陸貿易關係愈來愈密切，閩南人骨子裡強烈的謀利精神就有了極大的發揮空間。

先是成立了商鋪，也是採取合股的經營方式。《廈門志》記載：當時臺灣「數人合開一店鋪或製造一船，則姓金，金就是合」[6]。合夥組織的盈利按契約分配，債務也按股分擔，在傳統中國社會是相當進步的商業合作模式。

隨著貿易興盛，各港埠商人為了保障利益，出現了「郊」的組織。「郊」又稱為「郊行」或「行郊」，就是總批發商或進出口代理商[7]。多數由商人聯合組成，主要在解決貨物的配運、避免同行間競爭、方便控制貨品價格及交易秩序；但也因此壟斷商務，有違公平競爭的企業精神。

成立「郊」要有一定數量的郊商為基礎；因此郊的多或少，常成為商業是否發達的指標。「一府、二鹿、三艋舺」就是在郊商出現至發達的過程中，逐漸形成的商業城市。

清朝將臺灣納入版圖的第二年（一六八四年）在全島設一府三縣，府署（又稱府衙，即臺灣最高行政機關）位於臺南[8]，之後一百多年，臺南一直是全島首府。臺南鹿耳門是唯一官方許可的通商口岸，稱為「正口」，當時赴大陸貿易之船隻都必須經過鹿耳門，當地因此商業繁盛[9]。

臺灣工商社團的出現，一般認為是以臺南的為開端。先是當地貿易商在一七一五年集資重建位於今臺南市中西區神農街的水仙宮（圖6、7），二十六年後在水仙宮內增建「三益堂」

圖6　臺南水仙宮原貌
（中研院臺灣史研究所翁佳音教授提供）

圖7　臺南水仙宮今貌
臺灣工商社團的出現以臺南「三郊」為開端，今臺南市中西區神農街的水仙宮就是當地貿易商三郊於一七一五年集資重建。

（圖8），形成協力合作的模式。

一七二五年左右，大陸福州以北的貿易區域（包括寧波、上海、牛莊、煙臺、天津與大連），約二十餘商家以蘇萬利商號作為代表，成立「北郊」；七年後，福州以南的貿易區域（包括福州、廈門、金門、漳州、泉州、香港、汕頭與南澳），約三十餘商家以廣東籍鍾姓人士創立的金永順商號為代表，成立「南郊」；南郊成立八年後，約有五十餘商家以李勝興商號為首，成立「糖郊」，剛開始以出口臺灣糖產為主，後來拓展至豆類與米等農產品。

到一七九六年，總共一百多家來往大陸與臺灣之間的商號組成「三郊」，並在「三益堂」設總辦事處，協調、處理進出口業務，更支援府城的各項建設，如建廟修寺、造橋築路、疏浚港道等，也賑災濟貧，調解民間糾紛；一八〇五、一八〇六年海盜蔡牽[10]來犯時，更協助官方，組織義民，保衛城池，成為社會一股重要的安定力量。另一方面，這些財力雄厚的商人也喜讀詩書、熱心教育、獎勵士子參與科舉，使得臺南府城中科舉的人數稱冠全臺。郊商們因此成為另一股民間力量，讓臺南府城維持相當久的首府地位。

「二鹿」指鹿港，原名鹿仔港。位於臺灣中部，正對著福建泉州的蚶江，腹地囊括大肚、西螺兩溪之間的大小城鎮。一七一七年之前就有商船到鹿港載運芝麻、粟米、豆等農產，之後鹿港街市逐漸形成，既是水陸碼頭，又是穀米聚集的地方。

鹿港的興起可說是拜泉州之賜，鹿港是泉州商人聚集之區，占早期移民八成。一七五七

圖8 **三益堂旗幟**

臺南三郊於一七四一年在水仙宮內增建三益堂，至一八七〇年間，實際掌握臺南府城的命脈，如軍事、城防、治安、經濟、貿易等，儼然是行政、統治中心。今臺南水仙宮內仍可看到這面代表「三郊三益堂」的旗幟。

年，乾隆皇帝下令撤銷所有海關，只留廣東海關可以對外通商；泉州海關因此被撤銷，泉州商人因而將目光轉移到對岸交通便利的臺灣。

但是，鹿港屬島內港口，不能直接和大陸貿易，往來船隻必須繞道臺南鹿耳門，再開往目的地，極不符合經濟效益，因此有不少商船不顧禁令，私自從鹿港出發，將臺灣的米糧直接運到廈門銷售。

既然無法禁止，清朝廷乾脆在一七八四年准許泉州的蚶江口與臺灣鹿港直接通商。鹿港成為正口，「泉郊」成立，以泉州為主要交易地區。

事實上，鹿港的「泉郊」與泉州的「鹿郊」是由泉州商人與鹿港商人共同組成。有些規模較大的泉州商號，在泉州、鹿港都設有相同商號的「聯財對號」[11]，或是分號（就像現在的連鎖店）；而部分鹿港商號也採用同樣的方式擴展規模。

「泉郊」是鹿港八郊中最早出現的郊行，財勢最雄厚，極盛時期商號達到一百多家。泉郊更有獨立於廟宇之外的專屬辦事處，稱為「泉郊會館」（圖9）。泉郊、廈郊都具有同鄉會性質。其他各郊成員也可以同鄉身分加入泉郊或廈郊，因此使得兩郊組織更為龐大；而泉郊的規模又遠勝過廈郊，是各郊的領袖（圖10）。

鹿港取得正口地位後，成為臺灣中部貨物的總吞吐口。當時是從泉州蚶江口輸出藥材、布匹等到鹿港，鹿港則輸出稻米、糖等到泉州。有「鹿港八郊」之稱的泉郊金長順、廈郊金振順、布郊金振萬、糖郊金永興、簸郊金長順、油郊金洪福、染郊金合順、南郊金進益在一八一六年前都已陸續成立。

到了一八二四年，因為天津饑荒，郊商奉官員命令，運送米糧到天津救濟災民，表現獲得官方肯定。鹿港原本沒有「北郊」，賣糖的船戶生意範圍只到江南的寧波和上海；後來愈來愈多船隻到達天津等北方港口，鹿港商人的貿易範圍擴大了，從一七八五年到一八四五年的六十年間，是鹿港的全盛時期，成為僅次於府城的臺灣第二大城。鹿港諺語「頂到通

圖9 鹿港泉郊會館

圖10 鹿港泉郊被封為海濱領袖

宵（今苗栗通宵），下到琅橋（今屏東恆春）」，等於西部的三分之二地區都有鹿港商人的足跡。

「三艋舺」是指如今的臺北萬華。在艋舺崛起之前，八里坌（今八里）、新莊都扮演過重要的角色。

原本臺灣北部不能直接和大陸貿易，貨物一樣要先運送到臺南鹿耳門，再轉運到大陸。但臺北產的稻米私自從北部販運到大陸的情形非常普遍，清朝廷只好在一七八八年開放八里坌與福建福州的五虎門直接通商，成為另一個正口。

十八世紀中葉前，八里坌因位於淡水河口，往來商船頗多。隨著臺北盆地的開墾與興築水利設施，淡水河、基隆河與新店溪環繞的臺北平原愈來愈富庶。

當時從外地來的貨物經八里坌，沿淡水河運送到新莊卸貨後，再送到各渡頭運往附近區域[12]。後來八里地方行政機關移至新莊，新莊原本就已商業發達，有「新莊五十六坎」之稱（坎就是店），這時兼具商業和行政機能，成為盆地內最大的市鎮。

後來新莊因河道淤塞，大船無法停泊，而位於淡水河、新店溪與大漢溪匯流處的艋舺取代了新莊；隨後，地方行政機關再度遷移到艋舺。

十九世紀前半葉，郊行的黃金時代締造了艋舺鼎盛的商業（圖11）。最著名的三郊是成立最早的泉郊金晉順，接著是北郊金萬順，廈郊金同順的勢力最小。

圖11● 臺北萬華龍山寺前殿，其後殿為艋舺郊行辦事處

以水運為主的時代，郊商的船隻有些是用租的，有些是自己買的，勢力較大的郊商都擁有船頭行，自行購買船隻。起卸貨物的碼頭更成為郊商的命脈，各家勢力競相角逐，艋舺地區常因為爭奪地盤利益而引起激烈的械鬥。

到了一八四〇年，艋舺成為臺灣北部最大的市鎮。臺南、鹿港、艋舺並稱為臺灣三大門戶（圖12）。

從十七世紀末清朝廷頒布「渡臺禁令」，到十九世紀中葉「一府、二鹿、三艋舺」的時代，全是民間為了貿易而主動開墾土地、興建水利、發展商業組織、建設通商港口，清廷官方完全沒有出力。從這段開發過程看來，臺灣應該被定位成具有「海洋文化中富勇敢與冒險的商業性格社會」。

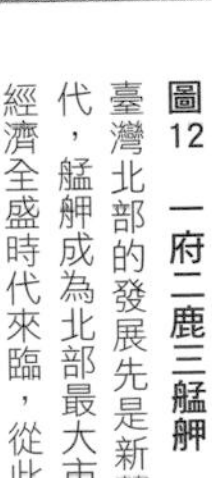

圖12　一府二鹿三艋舺

臺灣北部的發展先是新莊，後移至艋舺，到一八四〇年代，艋舺成為北部最大市鎮。「一府二鹿三艋舺」的臺灣經濟全盛時代來臨，從此開始，臺灣北部的重要性逐漸超越中部與南部。

附註

1. 臺灣都市排行按時間先後有幾個不同版本：先是約十八世紀的「一府、二笨」；接著是「一府、二笨、三艋舺」；然後是十八世紀末「一府、二鹿、三艋舺、四笨」；最後是十九世紀中「一府、二鹿、三艋舺」。「笨」指笨港，今雲林北港，十八世紀末因烏水（黑水）氾濫與河口泥沙淤積，導致港口機能逐漸退化，城市重要性排名逐漸下滑。原排名僅次於第一大港臺南，到了十九世紀初，被中部鹿港、北部艋舺迎頭趕上。
2. 臺北盆地是由泉州人陳憲伯、陳逢春、賴永和、陳天章、戴天樞組成的「陳賴章墾號」在十八世紀初大規模拓墾。
3. 唐山不是地圖上可以確切找出固定範圍的地名，而是泛指地勢多山的福建和廣東兩地。早期因海峽阻隔，臺灣人對大陸的認識有限，以為福建、廣東是唐山，大陸其他地區也都是唐山，從大陸渡海來臺的人都稱為「唐山人」或「唐山客」。
4. 閩南語，指臺灣錢好賺之意。
5. 清治時期將明鄭時期劃分的承天府、天興州、萬年州行政區域加以調整，改為諸羅縣、臺灣縣、鳳山縣。
6. 意思是只要店名以「金」為名號就是合資生意；再者，取「金」即財寶，指利多之意，即言商業發展利市多金。
7. 「郊」有「幫」的意義。清代中國各地工商業都市中，幾乎皆有商人幫存在，這是種營業來往於各大都市間的商業團體。特別要說明的是，清代臺灣工商社團成員的共同活動，留下的相關資料大部分是進出口貿易商團體組織，其他商業與手工業經營者的團體組織等資料實在太缺乏。學者邱澎生指出，郊行只是清代臺灣工商社團的一種，不能做為泛稱。
8. 臺南於荷蘭時期稱大員，明鄭時期稱承天府。清治時期的一六八四年為臺灣府臺灣縣，一八八七年為臺南府安平縣，日治時期的一八九五年改為臺南縣。本文一律稱為臺南。
9. 鹿耳門是鄭成功登陸的地方。當初鄭成功捨棄大員北側水道，逕取北線尾沙洲北邊較荒僻的水道，應是要取奇襲的效果吧！果然順利進入臺江內海，從赤崁北側的禾寮港（今永康洲仔尾）上岸，荷蘭人才匆忙準備應戰。原來興盛的大員港水道因逐漸淤淺，漸漸被北側鹿耳門水道取代，康雍乾嘉時期，是鹿耳門港口的全盛時期。
10. 清乾隆、嘉慶年間，蔡牽是勢力最大的海盜。一八〇三年（嘉慶八年）首次侵擾臺灣，僅是試探行動。往後三年間，一再進犯鹿港和鹿耳門。一八〇九年為閩浙水師提督王得祿所滅。
11. 「聯財對號」的經營形式，即泉州、臺灣兩地的對口商號，按股集資，對口配運經銷，年終一併結帳，計算盈餘，按股分利。
12. 一七六四年（乾隆二十九年）新莊慈佑宮碑文記載，與新莊有往來的渡頭有擺接上渡頭（今鶯歌、三峽）、擺接下渡頭（今淡水）、牛埔渡頭（今大直）、大加臘渡頭（今雙園）、奇母子渡頭（今大稻埕）、大坪林渡頭（今新店）、秀朗渡頭（今永和）、溪口高江渡頭（今景美）。

大事記

1683	■明鄭投降
1684	■清朝廷頒布渡臺禁令，設臺灣府（府衙設於臺南）
1709	■開鑿八堡圳，一七一九年完成
1717	■商船到鹿港載運貨物
1725	■成立北郊
1732	■成立南郊
1740	■成立糖郊，別名為港郊 開鑿瑠公圳，一七六〇年完成
1741	■臺南三郊設三益堂
1757	■乾隆下令撤銷所有海關，僅留廣東海關對外通商
1764	■八里地方行政機關移至新莊
1784	■清朝廷公告准許泉州與鹿港設港對渡，鹿港成為正口
1788	■開放八里坌與五虎門對渡
1796	■北郊蘇萬利、南郊金永順、糖郊李勝興三郊結合
1805-1806	■海盜蔡牽侵臺
1824	■鹿港郊商奉督撫之令運米到天津，貿易範圍擴大
1840	■艋舺成為臺灣北部最大市鎮

13 客家人的義民廟

你以為：義民廟只是客家人的一種民間信仰

事實是：義民是客家人在以閩南人為主的早期社會中取得合法身分的重要管道

提到客家人的信仰，原本認為是「三山國王」，現在則直覺地聯想到「義民爺」。三山國王信仰源於廣東省潮州府揭陽縣霖田都河婆墟（今揭陽市揭西縣河婆鎮）西面的三座名山——巾山、明山、獨山。當地居民有講閩南語的潮州人和講客家話的客家人，因早期廣東籍移民大多被認為是客家人，所以將三山國王認定為客家人的保護神（圖1）。

中國歷史上每逢地方有重大騷亂，常有一批人挺身而出組成團體，保衛民眾生命、財產安全，並自稱為義民軍。清朝的臺灣義民是協助清朝廷討平變亂、維持地方秩序的人，義民爺是義民死後被祭祀所形成的信仰。

圖1　三山國王廟

這座位於臺南市西門路的三山國王廟，草創於一七二九年，修建於一七四二年，已有將近三百年歷史，是臺灣最早的三山國王廟。該廟總幹事陳來福先生表示，臺灣的三山國王廟都是廣東潮州人建的，一般人認為三山國王廟是廣東客家人的專屬信仰是種誤解。

圖2　朱一貴雕像

高雄市內門區光興村鴨母寮的朱一貴文化園區有座紀念碑，正面雖稱朱一貴為臺灣皇帝、人民英雄、中興王、鴨母王。側面卻記著「頭戴明朝帽，身穿清朝衣，五月稱永和，六月還康熙」這段時人諷刺的文字，究竟立碑是褒？還是貶呢？

清康熙時，臺灣知府王珍虧空官銀十五萬兩，為彌補財政缺口，令兒子代理鳳山知縣，巧立名目，橫徵暴斂；加上當時發生嚴重地震和水災，朝廷減稅和發糧都被官員貪汙了，人民自然興起謀反之心。

朱一貴（圖2）是住在羅漢門（今高雄內門）的養鴨人，豪爽好客，又和明皇室同姓，於是莊民以他為號召，經由豎旗拜把[1]方式，召集了一千多人，把竹子削尖當作武器開始叛亂，吸引了下淡水溪（今高屏溪）的杜君英共襄盛舉，聲勢很快壯大起來。

在此之前，臺灣發生過六次小規模民變，很快就被撲滅了。於是五月中旬朱一貴起事時，臺灣總兵歐陽凱只派兵四百人，加上新港、麻豆四社的原住民前往征討。

沒想到愈來愈多人投靠朱一貴陣營，起事十幾天，他就占領了臺灣府城（今臺南），清朝廷總兵和將領們相繼戰死，部分官員逃到澎湖。朱一貴在大天后宮登基，國號大明，自稱義王，廢止了清朝剃髮令，控制了北到諸羅、南至下淡水溪地區。

然而此時，朱一貴陣營內部卻發生皇位之爭。杜君英本想立兒子杜會三為王，但大家擁立朱一貴，被封為國公的杜君英不甘心，就放任部下胡作非為，淫掠婦女。

朱一貴的擁護者主要是福建泉州和漳州移民，杜君英擁護者主要是廣東客家人，杜君英陣營的福建人倒向朱一貴，最後變成福建人與客家人對峙，杜君英只好率領幾萬個廣東人向北逃往虎尾溪。

朱一貴怕杜君英回到屏東地區，於是派了數千名漳州人和泉州人到屏東下淡水溪，攻擊廣東籍客家莊。下淡水地區共一萬二千多名客家人成立護莊組織「六堆」（圖3、4）抵抗，大敗朱一貴部眾。

被客家人打敗後，朱一貴又面臨清軍包圍，閩浙總督覺羅滿保七月初先派一千七百名士兵前往臺灣救

圖3　屏東內埔鄉六堆天后宮（原稱內埔媽祖廟，首次客家義民行動集合處）

朱一貴威脅到高屏客家聚落的生存時，各地士紳、義勇在內埔媽祖廟聚議，成立六隊（堆）鄉團保衛家鄉。

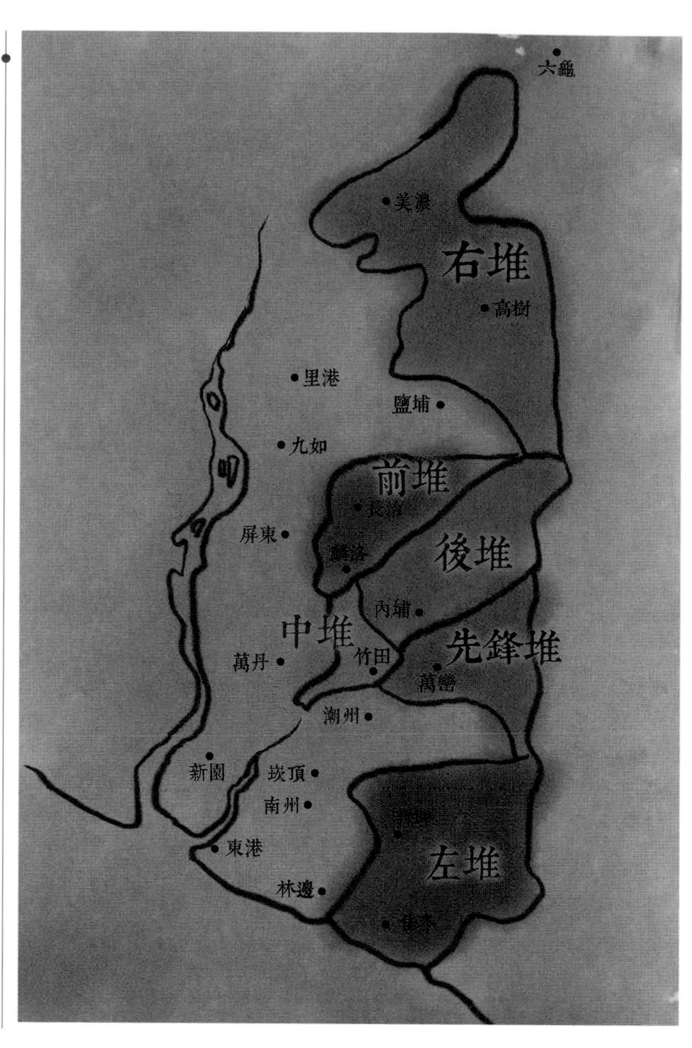

圖4　六堆分布圖

六堆即中堆（竹田）、先鋒堆（萬巒）、後堆（內埔）、前堆（麟洛、長治）、左堆（佳冬、新埤）、右堆（美濃、高樹）。

援；七月中再由南澳鎮總兵藍廷珍、水師提督施世驃率領一萬八千名士兵趁著漲潮直入安平港。

朱一貴一路敗退到大目降（今臺南新化），最後落腳溝仔尾（今臺南佳里），全軍只剩下一千個兵丁[2]。七月底一天深夜，他在夜宿的民宅中被莊民抓住，綁在牛車上送到施世驃面前，隨後被轉送北京受審，凌遲處死[3]，死時年僅三十三歲。

民變事件兩個月就被撲滅，關鍵戰役是下淡水溪客家莊六堆所打的。因客家人嚴守下淡水溪左岸地區，讓清軍能夠全力收復臺南府城。客家人出於自衛的行動，卻成了支持朝廷的力量，對清朝官員而言，算是賺到的結果。

當時隨堂兄藍廷珍來平亂的藍鼎元發現臺灣土地肥沃，積極投入開墾，同時看到客家人善於團結抵禦外侮，為了不讓這群客家人在事件平定後受到牽累，極力為他們說好話。

受到藍鼎元的影響，覺羅滿保上奏給康熙皇帝說：朱一貴起事時，客家人先在萬丹（今屏東縣萬丹鄉）上帝廟拜叩天地，豎立大清旗號，供奉萬歲聖旨牌[4]；叛亂初步控制後，兩位義民領袖侯觀德、李直三率領三千人護送萬歲聖旨牌到臺灣府的萬壽亭[5]供奉。特別強調客家人效忠朝廷的舉動，並直接稱這批客民為「義民」。

覺羅滿保除了論功行賞義民首領及領導打仗的人[6]之外，還在客家莊鄉里懸掛「懷忠」匾額和旌旗，以欽賜里名方式攏絡民心。康熙皇帝更准許客家人可以選擇適當地點建忠義

圖5　忠義祠

朱一貴事件捐軀的南部義民軍被奉安在位於屏東竹田鄉西勢村的忠義祠，只有每年春秋象徵性祭祀。

亭（圖5），以表彰他們的功績。這是臺灣史上首次出現義民團體。

後來藍廷珍則在今臺中地區建立藍興堡[7]，懂得運用客家人強悍的開墾能力，以確保勞動力的穩定。

除了南部下淡水溪地區的客家人，清朝廷也注意到擔任原住民岸裡社（今臺中神岡地區）[8]通事的客家人張達京，他獲得岸裡社人的信任，直接取得土地，在清朝廷准許移民帶家眷來臺後，從家鄉招來一批人，在藍興堡附近建立更大規模的墾號。

清朝廷怕漢人在臺灣取得土地所有權後，會坐大並形成亂源，一向禁止在臺灣的武官大員開墾原住民土地，創立莊產。張達京直接向原住民取得土地，卻是清朝廷管不了的，他教原住民如何向朝廷表現忠誠，成為義番，以方便和地方官員周旋。

後來清朝廷藉著彰化發生原住民殺害漢人事件，以張達京居中搞鬼為由，將擔任岸裡社通事長達四十三年的張達京革職驅逐，從此不再用漢人出任通事。

本來清朝對廣東東部潮州府或惠州府的客家人存在一種偏見，這起因於當年施琅說他們有當海盜的習性，建議康熙皇帝不許客家人來臺。

這時，清朝廷發現要讓客家人成為助力而非阻力，就要招撫他們，既然要招撫，就要善於駕馭之道。朱一貴事件時，藍鼎元先將人民分類，發布公告說清兵登陸時，只要在家門口張貼「大清良民」的人，就是良民，不會被攻擊；如果能糾集壯丁殺賊，就是義民，可獲得獎賞。從分類可知，藍鼎元沒有將所有客家人都視為義民。

到了乾隆年間，鳳山知縣王瑛曾《重修鳳山縣志》裡，已將所有在臺灣的客家人等同於義民，應該是清朝廷需要借助這些急公好義的客家人統治臺灣吧！算是充分發揮藍鼎元駕馭臺灣民兵的權術，以最小的代價達到最大的統治效果。

朱一貴事件是官逼民反，因此有人質疑：客家人站在官方這邊，到底是義或不義？

其實在吏治敗壞的年代，大多數人都必須仰賴地緣和血緣團體來維繫基本生存。以福建閩南人為主的臺灣社會中，客家人長期屈居弱勢，而義民的新身分讓他們扭轉了困境。

最初渡海來臺的移民，大致分為福建泉州籍、漳州籍及廣東籍客家人，自然形成泉州莊、漳州莊和客家莊。客家莊移民人口數遠比泉州和漳州少，且不夠集中，形成「大分散、小聚居」的分布現象。

除了當年施琅限制廣東移民來臺，更主要原因是清朝廷禁止「隔省流寓」（搬遷到他省）的戶口政策。臺灣隸屬福建省，廣東籍移民成了外省人口，來臺灣不如福建人方便，在臺灣的活動也受到很大限制。又因為是外省人，廣東籍客家人在臺灣無法獲得開墾執照，只能當福建人的佃農；客家人也無法擁有臺灣戶籍、登記土地，或參加科舉考試。

透過取得義民身分，客家人陸續入籍臺灣，同時開始登記土地。有了穩固的政治、經濟及社會地位之後，更進一步爭取參加科舉考試。

從乾隆末年起，客家人更積極爭取成為義民；而乾隆以後，臺灣「三年一小反，五年一大亂」，清朝廷更順勢運用義民策略。

朱一貴事件造就了南臺灣的義民，六十五年後的林爽文事件則是北臺灣義民信仰重要的起源。發生於臺灣中部的林爽文事件，是因官方緝捕會黨太過激烈而引起。

自從八堡圳於一七一九年完成後，臺灣中部地區漸成為重要穀倉，移入人口逐漸增加。清朝廷平定朱一貴事件第二年設彰化縣，管轄虎尾溪和大甲溪之間。

十八世紀中期，大陸移民臺灣的人數迅速增加，朱一貴事件時約十餘萬人，到林爽文事件時，已增加到九十幾萬人，然而土地開發速度跟不上人口增加的速度，生存競爭愈來愈激烈，民間開拓到哪裡，民變就發生到哪裡，發生次數比之前更多。[9]

臺灣早期移民大多是羅漢腳（單身漢），面對社會動亂，為了生存，往往私下結拜或加入會黨[10]。清朝廷為了控制臺灣社會，禁止人民結社，但羅漢腳愈來愈多，官吏無能又腐敗，族群間經常發生衝突。

來自福建漳州、居住在大里杙（今臺中大里）的林爽文家族，一七八二年被清朝官員認為是涉入中部地區大規模漳州與泉州移民械鬥的起事主犯，要加以嚴懲。林家原本就是結盟拜把的小集團，為了自保，加入天地會，林爽文被推為臺灣天地會總大哥。

四年後，諸羅縣發生一起會黨互鬥，抗拒官方拘捕的會眾逃到臺中投靠林爽文。清兵查緝會黨時，趁機燒毀民房並勒索詐騙，林爽文堂弟林泮的房子被燒毀，於是糾集各村莊會黨謀反，邀大哥林爽文起事，騎虎難下的林爽文只好投入反抗行動，並在大里起事，很快攻下彰化，殺死臺灣知府孫景燧，進駐彰化縣衙門，自稱盟主大元帥，並建號「順天」，除南部臺灣府、諸羅，中部鹿港以外，全部淪陷。

起事後七個月，清朝在臺灣的官兵無力對抗，只好複製朱一貴事件模式，招募義民助陣。臺灣總兵柴大紀僅率領一千九百名士兵，靠著義民協助，在諸羅戰役中，竟能在林爽文軍隊百般攻打下，守住好幾個月，後來乾隆皇帝為了嘉獎諸羅縣義民義舉，將諸羅改名為「嘉義」。

林爽文第一次攻入臺南府城時，地方官員楊廷理拿著旗子到市集招募義民，三天就有八千人響應，楊廷理又派人到客家莊去召集義民，清軍靠著義民，勉強穩住陣腳，等待援軍到來。

而林爽文攻陷臺灣北部時，淡水同知徐夢麟也召集義民平亂，當時參加的義民不只客家人，還有漳州人、泉州人。

乾隆皇帝最後派陝甘總督福康安來臺鎮壓，出發前先放話：「將派十萬大軍前來（其實只有一萬人）。」利用順風之勢，大軍從福建崇武出發，數百艘戰船一天內抵達鹿港，看起來陣容浩大，對林爽文陣營造成極大壓力。

福康安仿效藍鼎元的分類法，先派人上岸發出公告：只要不再幫忙反賊，就發給「盛世良民」旗，可保證自身安全。對百姓而言，林爽文是天地會之首，絕對是反亂分子，要被砍頭的；因此廣東潮州和福建泉州、興化移民為了存活，自然要和漳洲人的林家劃清界限，站到協助清朝官兵的一邊。

戰情因此逆轉，林爽文最後在老衢崎（今苗栗縣竹南鎮崎頂里一帶）被捕，被押往北京審訊，被凌遲處死時，才三十二歲。

歷時一年四個月的林爽文事件，被視為清代臺灣天地會起事的第一宗案件，天地會是為反清復明而創立[11]，乾隆皇帝對「天地會」三字有如驚弓之鳥，就像如今中國大陸聽到「法輪功」一般；乾隆還因此把平定林爽文事件列為十大武功之一。

這次事件中，先後招募義民、鄉勇近四萬八千人，其中很多義民是主動請求加入的。當時臺灣人民聽說清朝官兵將渡海來臺，恐怕被當成亂民，爭相自我表白是良民，南部多達一百三、四十個村莊的人特別趕到臺灣府城取得義民腰牌後，才敢安心回到莊裡。

平定林爽文事件的過程中，乾隆皇帝已下詔褒獎潮州、泉州義民。受賞村莊實在太多，因此允許福康安等官員接到匾額後，照著臨摹，懸掛在一些大村莊裡。事件平定之後，乾隆皇帝又賜匾給漳州籍村莊[12]和番社，並送禮給有功的生番表示獎賞。

然而連橫在《臺灣通史》裡，將與清朝對抗的勢力一律歸納為民族革命，林爽文因此成為民族英雄，義民們在此事件中的行動是義或不義，有了討論空間。

當時清朝廷已習慣招募義民來對付臺灣頻仍的社會動亂；一般百姓為了在亂世中多一分安全保障，或取得合法身分，會特別去領取官府頒給的義民腰牌，所有族群都希望利用義民身分爭取更大利益；更重要的是，義民身分為讀書之外另一條進身之階，因成為義民而獲得官職或庇蔭子孫的例子不勝枚舉。

獲得義民證書（劄付）（圖6）有特權和許多實際好處，就有人假造義民劄付，出售牟利，地方上更出現假藉義民名義欺壓別人的行為。

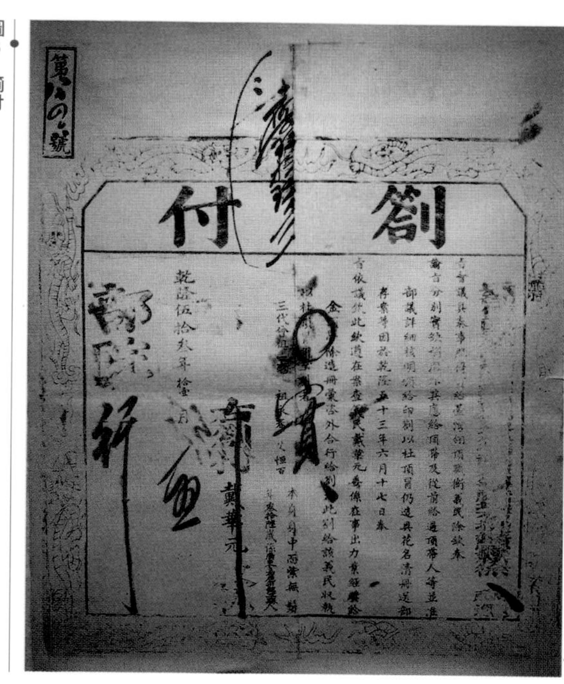

劄付

乾隆伍拾叁年

圖6　劄付

這張劄付收藏於新竹新埔枋寮褒忠義民廟，是劄付主人戴華元子孫交給廟方保存的。（林邦雄先生提供）

圖7　新竹新埔枋寮義民廟

此廟為臺灣義民信仰最早的起源地。

圖8　義民總塚

一七八六年，林爽文軍攻破竹塹城（今新竹）後，六張犁莊（今竹北六家地區）首當其衝，林先坤率子弟兵聯合數股客家人力量，集結三千人，奮勇抗敵，犧牲戰死者多達兩百餘人。林先坤等回師時雇請牛車沿途遍拾骨骸，原擬歸葬大窩口（今湖口鄉）；唯車過鳳山溪後，牛隻竟不受驅使，經焚香禱告並擲筊取決，復延名師陳資雲勘驗，確認該處為風水極佳的雄牛睏地穴，徵得地主戴禮成三兄弟同意，以其父戴元玖之名獻地，擇吉日安葬合塚，即枋寮義民塚。

雖然也有閩南人和原住民因幫助清朝廷被稱為義民，不過閩南人和原住民義民如果不幸戰死，合葬後被稱為「萬姓爺」或「有應公」，還有人只是被當成孤魂野鬼的「好兄弟」，在中元節時祭拜。

義民之所以成為客家人的特別標籤，是因他們將死難的義民們尊稱為「義民爺」或「義民爺爺」，蓋廟祭祀，並加以神格化，形成一種信仰。義民信仰最早出現在新竹新埔枋寮的義民廟（圖7），以及合葬在廟後方的義民總塚與祔塚，總塚埋的是林爽文事件中二百多位死難的客家義民骨骸（圖8）。

事件平定後，福康安奏請朝

廷獎賞平亂有功的客家義軍領袖，乾隆皇帝特頒親筆「褒忠」（圖9）敕旨，由林先坤迎回林氏公廳築聖旨樓置放，隨邀地方士紳倡議建廟，三年後建成了褒忠義民廟。

一八六二年發生戴潮春之亂時，共有一百多位客家義軍犧牲，骨骸埋在祔塚（圖10）。

義民爺逐漸形成一種民間信仰之後，原先分香到桃、竹、苗三個縣市，目前則分布至全臺灣各縣市共四十間（圖11）。各地發展出在中元節後五天為義民節，十三大莊要賽神豬來酬謝義民爺。義民節活動與中元普渡雖然只差五天，但是義民爺在客家子弟心目中是最受崇敬的，是二百多年前為了保護客家人的生命財產、語言文化，奮起自力救濟所展現的偉大精神，完全不同於普渡的好兄弟。

朱一貴事件捐軀的南部義民軍被奉安在屏東六堆的忠義祠，形成了類似現今的忠烈祠。只有每年春秋象徵性祭祀，平日人煙稀少，不像北部有義民爺信徒和香客長期祭祀。

一九八七年十月二十五日《客家風雲雜誌》創刊後，開始鼓吹客家人的新價值，次年底發動「還我母語」萬人示威大遊行。二〇〇一年行政院客家委員會成立，將義民文化視為客家文化，隨後舉辦義民祭活動，在政治運作下，義民成為臺灣客家文化的精神。

時至今日，在臺灣客家人心目中，二百多年前義民爺的神威，已超過三、四百年前的三山國王，義民爺成為臺灣客家人無可取代的圖騰與文化之一。

圖9　乾隆皇帝特頒親筆「褒忠」

乾隆皇帝對臺灣客家莊頒賜的「褒忠」，對閩南莊賞的「嘉義」，都是統治者的收服策略，蓄意利用當時客家人和閩南人的族群怨懟，使閩、客間相互猜忌，清朝廷坐收漁翁之利。

圖10　義民祔塚

一八六二年戴潮春之亂後，一百多位客家義軍的骨骸埋葬於此。

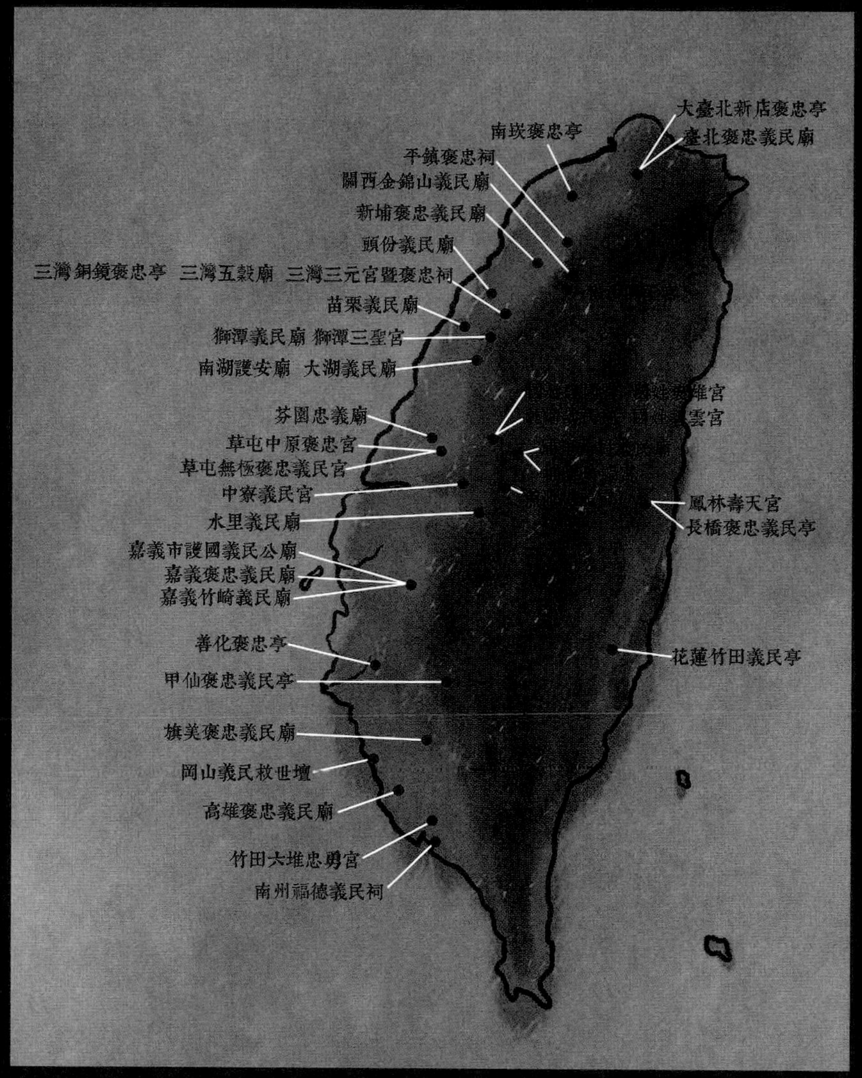

圖11 臺灣義民廟分布圖

附註

1. 臺灣是移墾社會，最早的移民大多是單身漢，在家靠父母，出外靠朋友，因互助需要而產生異姓結拜的風氣，可說是一種「準家族」關係。但靠著彼此認識、各自召集所能增加的人數有限，為了廣為招攬想要起事的人，往往多次公開豎旗，招來群眾之後立即結拜，作為組織與約束的方法。

2. 臺語歇後語「鴨母王行到溝仔尾－死路一條！」即以朱一貴落網之事比喻一個人或一件事已達山窮水盡、毫無轉機之境。

3. 凌遲又稱千刀萬剮，是古代一種酷刑，將人身上的肉分成好幾千塊加以割除，受刑的人十分痛苦，得忍受好幾個小時痛楚才會死去。

4. 萬歲聖旨牌有不同形制，在明清中國各地很常見，有種寫著「皇帝萬歲萬萬歲」，目前臺灣有這種形制聖旨牌的廟宇共有四座：臺北淡水福祐宮、嘉義新港水仙宮、臺南善化慶安宮以及高雄大社大覺寺。新竹新埔義民廟的聖旨牌，寫著「聖旨」二字（圖12）。按李文良教授調查，高雄大社大覺寺的萬歲牌背後刻有「廩生錢元揚率領士紳拜賀」字樣，錢元揚是一七七二年（乾隆三十七年）府學歲貢生，可見寺廟供奉的萬歲聖旨牌通常不是皇帝御賜的，而是民間廟宇或地方社會自己製造，也反映客家人努力想和皇帝建立關聯的努力。

5. 萬壽亭目前是臺南地方法院院長宿舍，是康熙五十年時，臺灣道陳璸為慶賀皇帝來年六十大壽而興建，也是清朝時期，臺灣最正統的王朝象徵之一。按《臺灣府志》記載：皇帝生日及元旦、冬至，文武官要在前一天沐浴齋戒並排練禮儀。儀式舉行當天，四鼓時要穿好正式朝服，到萬壽亭集合，行三跪九叩禮。皇帝生日前後三天，官員要穿戴朝服，五鼓到萬壽亭坐班，可見萬壽亭等於清朝皇帝的化身，客家人此舉在當時應屬政治正確的舉動。

圖12 新竹新埔義民廟聖旨牌寫著「聖旨」二字

6. 當時約有一百七十多名受賞，各賜以都司、守備、千總、把總、外委等職銜，前後捐賞銀九百五十兩、米三百石、穀一千三百石、綵緞一百疋。另外又給予守土義民手諭（指皇帝親筆所寫）一百一十五張，引兵殺賊義民劄付三十六張，擒賊義民劄付二十三張。

7. 藍興堡的範圍包括今臺中市太平區、大里區、中區、東區、南區，以及西區東部、烏日區東北部。此外，藍鼎元除了致力在臺開墾，也曾兩度向朝廷建議准許移民帶家眷來臺，以解決因不能攜眷而造成的治安問題，但沒有獲准。直到一七三一年，原住民部落大甲西社（今臺中大甲附近）爆發抗官事件，清朝廷借助南部二、三百名廣東籍客家人及駐紮鹿港的軍隊平定後，經福建巡撫鄂彌達奏請，才准許移民帶家眷到臺灣。

8. 岸裡社在今臺中市神岡區，是臺灣平埔族的拍宰海族中，人數與勢力最大的群落。一六九九年（康熙三十八年）協助清朝廷平定吞霄社（今苗栗通霄）抗官事件，開始受到重視。一七一五年（康熙五十四年）歸化清朝廷，命阿莫為岸裡社總土官（總頭目），張達京是岸裡社首任通事。一七二一年，阿莫的兒子阿藍又協助平定朱一貴事件，被任命為第二任總土官。一七三一年，阿藍的兒子敦仔再協助平定大甲西社之亂，被任命為第三任總土官。一七五八年被賜姓潘。

9. 據許達然教授統計，臺灣的民變隨著開發而增加，十七世紀有四次，十八世紀有三十九次，十九世紀有六十四次。

10. 康熙年間臺灣早已形成結盟拜把的風氣。拜把儀式是祭拜天地，約為生死，是可以公開的；如果是祕密會社，還有歃血訂盟（同飲血酒）儀式，是不能公開的。

11. 天地會起源的說法很多，一說是明末遺老所創，也有人說是鄭成功部將陳永華所創。林爽文的團體應該是從結拜到組成的祕密會黨，是大眾團體。乾隆時期的地方官員遇到不瞭解的民間組織或儀式，一律稱為天地會。林爽文雖打著天地會名號起事，但他是否真為天地會，仍有待商榷。

12. 與林爽文同為漳州籍的村莊為何也頒獎呢？乾隆皇帝頒布詔諭提到：漳州人民隨同官兵打仗殺賊的人也不少。如果沒有獎勵，等於歧視他們，因此所有漳州人的村莊，賞給「思義村」名稱。

大事記

1719 ■八堡圳完成，臺灣中部成為重要穀倉

1721 ■歷時二個月的朱一貴民變事件爆發，臺灣史上第一次出現義民

1722 ■屏東六堆忠義亭（今忠義祠）落成

1723 ■彰化設縣

1731 ■清朝廷借助南部客家人平定臺中原住民大甲西社抗官事件

1782 ■漳、泉械鬥，林爽文被推為天地會之首

1786 ■林爽文民變事件發生

1788 ■林爽文民變事件平定，乾隆皇帝下令褒獎

1790 ■新竹枋寮義民廟落成，義民爺成為北部客家人的主要信仰

1862 ■發生戴潮春之亂

2001 ■行政院客委會成立，舉辦義民祭，將義民文化與客家文化畫上等號

徵引書目

壹　專書

1. C.E.S.（荷蘭末代臺灣長官揆一）荷文原著，甘為霖牧師英譯，林野文漢譯，《被遺誤的臺灣——荷鄭臺江決戰始末記》，臺北，前衛出版社，二〇一一年二月。
2. 丁光玲，《清代臺灣義民研究》，臺北，文史哲出版社，一九九四年九月。
3. 不著撰人，《平臺紀事本末》，臺北，大通書局，一九七七年出版。
4. 石文誠等，《珍藏臺灣：國立臺灣歷史博物館館藏選圖錄》，臺南，國立臺灣歷史博物館，二〇一〇年十二月初版。
5. 石文誠等，《簡明臺灣圖史：從區域地理環境的角度看臺灣史》，臺北，如果出版社，臺南，國立臺灣歷史博物館，二〇一〇年十二月再版。
6. 石萬壽，《臺灣的媽祖信仰》，臺北，臺原出版社，二〇〇〇年一月。
7. 白尚德（Chantal Zheng）著，鄭順德（Shun de Zheng）譯，《十九世紀歐洲人在臺灣》，臺北，南天書局，一九九九年。
8. 安然，《施琅大將軍——平定臺灣傳奇》，北京，新華出版社，二〇〇六年三月。
9. 李文良，《清代南臺灣的移墾與「客家」社會》，臺北，臺大出版中心，二〇一一年二月。

10.吳玉賢等，《海神媽祖》，中國北京，外文出版社，二〇〇一年第一版。
11.卓克華，《清代臺灣的商戰集團》，臺北，協和關係企業臺原出版社，一九九〇年二月。
12.林正慧，《六堆客家與清代屏東平原》，臺北，遠流，二〇〇八年十一月。
13.林孟欣、鄭天凱，《臺灣放輕鬆4——鬥陣臺灣人》，臺北，遠流出版社，二〇〇一年。
14.林昌華譯著，《黃金時代——一個荷蘭船長的亞洲冒險》(Golden Age—Bontekoe in Asia)，臺北，果實出版，二〇〇三年七月。
15.林豪撰，《東瀛紀事》，卷上，〈大甲城守〉，臺北，大通書局，一九七七年出版
16.袁和平，《現代眼看媽祖》，臺北，幼獅文化事業公司，一九九七年四月。
17.翁佳音，《荷蘭時代：臺灣史的連續性問題》，新北市，稻鄉出版社，二〇〇八年七月。
18.倪贊元撰，《雲林采訪冊》，附〈天后顯靈事〉，臺北，大通書局，一九七七年出版。
19.陳文德、莊順源，〈大甲之開闢與沿革〉，《大甲風貌》，出版時間、地點不詳。
20.曹永和，《臺灣早期歷史研究》，臺北，聯經出版社，一九七九年七月一日。
21.郭弘斌，《荷據時期臺灣史記》，臺北，臺原出版社，二〇〇一年一月。
22.郭廷以，《臺灣史事概說》，臺北，正中書局，一九七五年二月臺六版。
23.湯錦台，《大航海時代的臺灣》，臺北，貓頭鷹出版社，二〇〇一年十二月。

24. 湯錦台，《千年客家》，臺北，如果出版社，二〇一〇年七月出版。
25. 費德廉、羅效德編譯，《看見十九世紀臺灣——十四位西方旅行者的福爾摩沙故事》，臺北，如果出版社，大雁文化公司，二〇〇六年。
26. 張慶宗，〈鎮瀾宮——大甲地區五十三庄民精神的皈依〉，《大甲風貌》，出版時間、地點不詳。
27. 楊彥杰，《荷據時代臺灣史》，中國，江西人民出版社，一九九二年。
28. 鄭維中，《荷蘭時代的臺灣社會——自然法的難題與文明化的歷程》，臺北，前衛出版社，二〇〇四年。
29. 鄭維中，《製作福爾摩沙——追尋西洋古書中的臺灣身影》，臺北，如果出版社，二〇〇六年十月。
30. 蔡承豪、楊韻平，《臺灣番薯文化誌》，臺北，果實出版社，二〇〇四年五月。
31. 蔡相煇，《媽祖信仰研究》，臺北，威秀資訊科技，二〇〇六年十月。
32. 劉枝萬輯，〈敕建天后宮碑記〉，《臺灣中部碑文集成》，臺北，大通書局，一九七七年出版。
33. 劉妮玲，《清代臺灣民變研究》，國立臺灣師範大學歷史研究所專刊(9)，一九八〇年。
34. 歐陽泰(Tonio Andrade)著，鄭維中譯《福爾摩沙如何變成臺灣府？》(How Taiwan

Became Chinese)，臺北，遠流出版社，二〇〇七年二月。

35.鮑曉鷗 (Jose Eugenio Borao) 著，那瓜 (Nakao Eki) 譯，《西班牙人的臺灣體驗 (1626-1642)：一項文藝復興時代的志業及其巴洛克的結局》，臺北，南天書局，二〇〇八年十二月。

36.薛絢翻譯，《福爾摩沙變形記：十八世紀西方人虛構的臺灣風土文物誌》，臺北，大塊文化出版社，一九九六年。

37.戴寶村、王峙萍，《從臺灣諺語看臺灣歷史》，臺北，玉山出版社，二〇〇四年十一月。

38.戴寶村，《清季淡水開港之研究》，臺北，國立臺灣師範大學歷史研究所專刊(11)，一九八四年六月。

39.謝國興，《官逼民反——清代臺灣三大民變》，臺北，自立晚報社文化出版部，一九九三年。

貳　論文（期刊、論文集）

1.毛一波，〈魯王抗清與明鄭關係〉，〈閩浙公案與南澳公案〉，《臺灣文獻》十一：一，一九六〇年，頁 60-74、頁 75-80。

2.中村孝志，〈十七世紀荷蘭人在臺灣的探金事業〉，收入吳密察、翁佳音編，《荷蘭時代臺灣史研究上卷——概說・產業》，新北市，稻鄉出版社，一九九七年，頁165-217。

3.中村孝志著，許賢瑤譯，〈圍繞臺灣的日荷關係——濱田彌兵衛的荷蘭人攻擊〉，收入《荷蘭時代臺灣史論文集》，臺灣宜蘭，佛光大學人文社會學院，二〇〇一年，頁205-230。

4.中村孝志，〈荷蘭人的臺灣探金事業再論〉，收入吳密察、翁佳音編，《荷蘭時代臺灣史研究上卷——概說・產業》，新北市，稻鄉出版社，二〇〇二年，頁219-249。

5.方豪，〈崇禎初鄭芝龍移民入臺事〉，《方豪教授臺灣史論文選集》，臺北，捷幼出版社，一九九九年十二月，頁121-124。

6.王曾才，〈英國駐華使館的設立〉，《中國近現代史論集(7)第七編自強運動(二)外交》，臺北，臺灣商務印書館，一九八五年十月初版，頁393-416。

7.王鍾翰，〈清政府對臺灣鄭氏關係之始末〉，收入《鄭成功研究論文選續集》，福建人民出版社，一九八四年十月，頁103-113。

8.永積洋子著，許賢瑤譯，〈荷蘭的臺灣貿易〉，收入《荷蘭時代臺灣史論文集》，臺灣宜蘭，佛光大學人文社會學院，二〇〇一年，頁249-326。

9.永積洋子著，劉序楓譯，〈由荷蘭史料看十七世紀的臺灣貿易〉，收入《中國海洋發展史論文集》第七輯，湯熙勇主編，中央研究院中山人文社會科學研究所專書(45)，一九九九年三月，臺北，南港，頁37-57。

10.（荷蘭）冉福立(Kees Zandvliet)著，鄭維中譯，〈經緯：地圖與荷鄭時代的臺灣〉，收入《福爾摩沙——十七世紀的臺灣．荷蘭與東亞》，臺北，國立故宮博物院，二○○三年一月，頁33-52。

11.石萬壽，〈臺南府城的行郊、特產、點心〉，《臺灣文獻》，三十一卷四期，一九八○年。

12.石萬壽，〈臺灣棄留議之探討〉，收入林金梅主編，《漚汪．將軍．施琅——將軍鄉鄉名溯源暨施琅學術研討會論文集》，臺灣臺南，臺南縣將軍鄉，臺南縣將軍鄉公所，二○○二年，頁39-65。

13.宋光宇，〈施琅與臺灣的媽祖信仰〉，收入施偉青主編，《施琅與臺灣》，北京，社會科學文獻出版社，二○○四年，頁417-432。

14.宋光宇，〈重利與顯親：有關「臺灣經驗」各家理論的檢討和歷史文化論的提出〉，收入宋光宇編，《臺灣經驗（一）——歷史經濟篇》，國立中正大學歷史研究所臺灣研究論叢，臺北，東大圖書公司，一九九三年，頁1-65。

15.宋鼎宗，〈從「現代意識」談「寧靖王朱術桂」〉，《高雄文化研究》二○○八年年刊，高雄市高雄文化研究學會，頁1-26。

16.車守同，〈寧靖王——明鄭遷臺的精神領袖，第一位著名的湖北移民〉，《湖北文獻》第一六八期，頁12-24。

17. 李毓中，〈美麗島還是金「銀」島?!——Jacinto Esquivel 報告裡的西班牙北臺灣〉，收入《什麼人物，為何重要——臺灣史上重要人物系列（一）》，臺北，歷史博物館，二〇一〇年九月，頁 16-33。

18. 李朝成，〈從國際法的觀點論 - 荷蘭據臺時期臺灣原住民之法律地位〉，《臺灣原住民研究論叢》第七期，臺北，臺灣原住民教授協會，二〇一〇年六月，頁 45-82。

19. 林本炫，〈客家義民爺的神格：苗栗縣義民廟初步研究〉，收入莊英章、簡美玲主編，《客家的形成與變遷》上冊，臺灣新竹，國立交通大學出版社，二〇一〇年十二月，頁 337-359。

20. 林玉茹，〈商業網絡與委託貿易制度的形成——十九世紀末鹿港泉郊商人與中國內地的帆船貿易〉，《新史學》十八卷第二期，二〇〇七年六月，頁 61-102。

21. 林正慧，〈閩粵？福客？清代臺灣漢人族群關係新探——以屏東平原為起點〉，《國史館學術集刊》第六期，二〇〇五年九月，頁 1-60。

22. 林偉盛，〈對峙：熱蘭遮圍城兩百七十五日〉，《福爾摩沙：十七世紀的臺灣、荷蘭與東亞》，臺北，國立故宮博物院，二〇〇三年，頁 75-104。

23. 林衡道，〈臺灣民間信仰的神明〉，《臺灣文獻》二十六卷第四期、二十七卷第一期合刊，一九七六年三月，頁 96-103。

24. 林麗月，〈晚明福建的食米不足問題〉，《國立臺灣師範大學歷史學報》第十五期，一九八七年六月出版，頁 161-190。

25. 岩生成一著，許賢瑤譯，〈明末僑寓日本支那人甲必丹李旦考〉，收入《荷蘭時代臺灣史論文集》，臺灣宜蘭，佛光大學人文社會學院，二〇〇一年，頁 59-130。

26. 岩生成一著，許賢瑤譯，〈明末僑寓日本支那貿易商一官 Augustin 李國助之活動——明末僑寓日本支那人甲必丹李旦考補考〉，收入《荷蘭時代臺灣史論文集》，臺灣宜蘭，佛光大學人文社會學院，二〇〇一年，頁 131-154。

27. 邱榮裕，〈施琅治臺主張與清代禁令〉，收入林金梅主編，《漚汪・將軍・施琅——將軍鄉鄉名溯源暨施琅學術研討會論文集》，臺南縣將軍鄉，臺南縣將軍鄉公所，二〇〇二年，頁 79-93。

28. 卓克華，〈金門魯王「漢影雲根」摩崖石刻新解〉，《古蹟・歷史・金門人》，臺北，蘭臺網路出版社，二〇〇八年十月，頁 199-231。

29. 范振乾，〈義民爺信仰與臺灣客家文化社會運動〉，收入國立中央大學客家研究中心，賴澤涵、傅寶玉主編，《義民信仰與客家社會》，臺北市，南天書局，二〇〇五年一月，頁 361-410。

30. 施偉青，〈論施琅的招撫策略及其相關問題〉、〈從征澎臺的施琅親屬族人考述〉，《中國古代史論叢》，中國湖南長沙，岳麓書社，二〇〇四年八月，頁 550-584、頁 603-616。

31.翁佳音，〈葡萄牙人與福爾摩沙——並論一五八二年的船難〉，《歷史月刊》二二〇期：二〇〇六年五月號，臺北，歷史月刊社，頁72-79。

32.翁佳音，〈麻豆社事件〉，《新活水》十六期，二〇〇八年一月，頁32-39。

33.翁佳音，〈新港有個臺灣王——十七世紀東亞國家主權紛爭小插曲〉，《臺灣史研究》第十五卷第二期，二〇〇八年六月，臺北，中央研究院臺灣史研究所，頁1-36。

34.翁佳音，〈從舊地名與古地圖看臺灣近代初期史〉，收入《臺灣史十一講》，臺北，國立歷史博物館，二〇〇九年，頁70-85。

35.黃秀政，〈論藍鼎元的積極治臺主張〉，《臺灣史研究》，臺北，臺灣學生書局，一九九二年，頁1-28。

36.黃秀政，〈清代治臺政策的再檢討：以渡臺禁令為例〉，《臺灣史研究》，臺北，臺灣學生書局，一九九二年，頁145-173。

37.康培德，〈荷蘭時期村落頭人制的設立與西拉雅社會權力結構的轉變〉，收入國立臺灣師範大學歷史學系與臺灣省文獻會合編，《回顧老臺灣．展望新故鄉——臺灣社會文化變遷學術研討會論文集》，臺北，國立臺灣師範大學歷史學系，二〇〇〇年九月，頁1-21。

38.康培德，〈荷蘭東印度公司治下的臺灣原住民部落整併〉，《臺灣史研究》第十七卷第一期，二〇〇〇年三月，中央研究院臺灣史研究所，頁1-25。

39.康培德，〈十七世紀上半的馬賽人〉，《臺灣史研究》第十卷第一期，臺北，南港，中央研究院臺灣史研究所籌備處，二〇〇三年六月，頁1-32。

40.康培德，〈理加與大加弄：十七世紀初西拉雅社會的危機〉，收入葉春榮主編，《建構西拉雅學術論文集》，臺南：臺南縣政府，二〇〇六年，頁81-96。

41.康培德，〈紅毛先祖？新港社、荷蘭人的互動歷史與記憶〉，《臺灣史研究》第十五卷第三期，臺北，中央研究院臺灣史研究所，二〇〇八年九月，頁1-24。

42.徐麗霞，〈寧靖王與五妃〉（一），《中國語文》第五五一期，臺北，中國語文月刊社，二〇〇三年五月，頁104-114。

43.徐麗霞，〈寧靖王與五妃〉（二），《中國語文》第五五二期，臺北，中國語文月刊社，二〇〇三年六月，頁101-114。

44.徐麗霞，〈寧靖王與五妃〉（三），《中國語文》第五五三期，臺北，中國語文月刊社，二〇〇三年七月，頁102-114。

45.徐麗霞，〈寧靖王與五妃〉（四），《中國語文》第五五四期，臺北，中國語文月刊社，二〇〇三年八月，頁101-114。

46.高雄縣湖內鄉公所作，〈第十二章明寧靖王墓園〉，《高雄文獻第二十五期：湖內風情》，高雄縣鳳山市，二〇〇六年，頁263-296。

47.曹永和，〈英國東印度公司與臺灣鄭氏政權〉，收入《中國海洋發展史論文集》第六輯，張炎憲主編，臺灣臺北，中央研究院中山人文社會科學研究所專書(40)，一九九七年三月，頁389-405。

48.曹樹基，〈贛閩粵區三省毗鄰地區的社會變動與客家形成〉，《歷史地理》第十四輯，上海人民出版社，一九九八年。

49.郭松義、何齡修，〈鄭成功與施琅〉，收入《鄭成功研究論文選續集》，福建，福建人民出版社，一九八四年十月，頁309-320。

50.陳小沖，〈1622-1624年的澎湖危機——貿易、戰爭與談判〉，《思與言》第三十一卷第四期，一九九三年十二月，頁123-203。

51.陳純瑩，《明鄭對臺灣的經營(1661-1683)》，國立臺灣師範大學歷史研究所碩士論文，一九八六年五月。

52.陳國棟，〈轉運與出口：荷據時期貿易與產業〉《福爾摩沙——十七世紀的臺灣．荷蘭與東亞》，臺北，國立故宮博物院，二〇〇三年，頁53-74。

53.陳漢光，〈魯唐交惡與魯王之死〉，《臺灣文獻》十一：一，一九六〇年，頁106-114。

54.陳秋坤，〈清初屏東平原土地佔墾、佃租關係與聚落社會秩序(1690-1770)——以施世榜家族為中心〉，收入陳秋坤、洪麗完主編，《契約文書與社會生活(1600-1900)》，臺北，中央研究院臺灣史研究所籌備處，二〇〇一年。

55. 陳春聲，〈三山國王信仰與臺灣移民社會〉，《中央研究院民族學研究所集刊》第八十期，臺北，中央研究院民族學研究所，一九九五年秋季號，頁61-114。

56. 陳春聲，〈國家意識與清代臺灣移民社會——以「義民」的研究為中心〉，收入國立中央大學客家研究中心，賴澤涵、傅寶玉主編，《義民信仰與客家社會》，臺北市，南天書局，二〇〇五年一月，頁83-107。

57. 莊吉發，〈從檔案資料看清代臺灣的客家移民與客家義民〉，收入國立中央大學客家研究中心，賴澤涵、傅寶玉主編，《義民信仰與客家社會》，臺北市，南天書局，二〇〇五年一月，頁83-107。

58. 莊金德，〈明監國魯王以海紀事年表〉，《臺灣文獻》十一：一，一九六〇年三月，頁1-59。

59. 許雪姬，〈評「施著施琅評傳」〉，《臺灣文獻》第三十九卷第四期，一九八〇年十二月，頁167-180。

60. 許雪姬，〈近年來中國學界對施琅的研究——以《施琅研究》為例〉，收入林金梅主編，《漚汪‧將軍‧施琅——將軍鄉鄉名溯源暨施琅學術研討會論文集》，臺南縣將軍鄉，臺南縣將軍鄉公所，二〇〇二年，頁113-137。

61. 許達然（許文雄），〈清朝臺灣民變探討〉，收入《史學與國民意識論文集》，臺北，稻鄉出版社，一九九九年，頁67-70。

62. 郭維雄，〈黃袞《邀功紀略》所載清代臺灣南路六堆義軍參與平定林爽文事件始末探究〉，收入國立中央大學客家研究中心，賴澤涵、傅寶玉主編，《義民信仰與客家社會》，臺北市，南天書局，二〇〇五年一月，頁39-81。

63. 黃玉齋，〈明監國魯王與隆武帝及鄭成功〉，《臺灣文獻》十一：一，一九六〇年三月，頁166-216。

64. 賀安娟(Ann Heylen)，〈荷蘭統治之下的臺灣教會語言學——荷蘭語言政策與原住民識字能力的引進(1624-1662)〉，《臺北文獻》一二五期，一九九八年九月，頁81-119。

65. 曾耀輝，〈羅馬字母與番仔書——荷據時期臺灣教育史〉，《經典》雜誌九十期，二〇〇六年一月，頁60-73。

66. 溫振華，〈清代臺灣漢人的企業精神〉，《國立臺灣師範大學歷史學報》第九期，一九八一年五月出版，頁111-139。

67. 溫振華，〈淡水開港與大稻埕中心的形成〉，《國立臺灣師範大學歷史學報》第六期，一九七八年，頁245-270。

68. 楊彥杰，〈從外國資料看施琅統——臺灣〉，《施琅研究》，北京，中國社會科學出版社，二〇〇一年九月第一版，頁382-391。

69. 張彬村，〈美洲白銀與婦女貞節：一六〇三年馬尼拉大屠殺的前因後果〉，《中國海洋發展史論文集》第八輯，朱德蘭主編，臺北，中央研究院中山人文社會科學研究所專書(51)，二〇〇二年五月，頁 295-326。

70. 鄭維中，〈施琅「臺灣歸還荷蘭」密議〉，《臺灣文獻》第六十一卷第三期，二〇一〇年九月，頁 35-74。

71. 鄭瑞明，〈臺灣明鄭與東南亞之貿易關係初探——發展東南亞貿易之動機、實務及外商之前來〉，《國立臺灣師範大學歷史學報》第十四期，一九八六年六月，頁 57-108。

72. 蔡采秀，〈以順稱義：論客家族群在清代臺灣成為義民的歷史過程〉，收入國立中央大學客家研究中心，賴澤涵、傅寶玉主編，《義民信仰與客家社會》，臺北市，南天書局，二〇〇五年一月，頁 109-157。

73. 蔡承豪，〈番薯的傳播與臺灣早期的傳播〉，《閩南文化學術研討會論文集》，金門縣立文化中心，二〇〇四年，頁 137-153。

74. 蔡相煇，〈施琅 (1621-1696) 與臺灣善後〉，收入林金梅主編，《溫汪·將軍·施琅——將軍鄉鄉名溯源暨施琅學術研討會論文集》，臺南縣將軍鄉，臺南縣將軍鄉公所，二〇〇二年，頁 67-77。

75. 蔡郁蘋，《鄭氏時期臺灣對日本貿易之研究》，國立成功大學歷史研究所碩士論文，二〇〇五年六月。

76. 鄧孔昭，〈清政府對鄭氏集團的招降政策及其影響〉收入《鄭成功研究論文選續集》，福建人民出版社，一九八四年十月，頁 132-147。

77. 賴永祥，〈臺灣鄭氏與英國的通商關係史〉，《臺灣文獻》十六卷二期，一九六五年六月，頁 1-50。

參　學位論文

1. 王世章，〈清鄭澎湖海戰之研究——《孫子兵法》與《戰爭論》之析論〉，國立中央大學歷史研究所碩士論文，二〇〇八年六月。
2. 石弘毅，〈清代康熙年間治臺策研究〉，臺灣臺南，國立成功大學歷史研究所博士論文，二〇〇七年六月。
3. 江樹生，《清領以前之中國移民》，中國文化大學史學研究所碩士論文，一九六六年六月。
4. 巫育山，〈消極治臺論之商榷——大清帝國治臺政策再審視〉，臺灣中壢，國立中央大學歷史研究所碩士論文，二〇〇九年六月。
5. 林丁國，《清代臺灣游民研究——以羅漢腳為中心的探討(1684-1874)》，東海大學歷史學系碩士班碩士論文，一九九九年七月七日。

6.林登順，〈施琅「棄留臺灣議」探索〉，臺灣臺南，國立臺南師範學院，《南師學報》第三十八卷第一期，人文與社會類，二〇〇四年，頁43-59。
7.吳青霞，《臺灣三大民變書寫研究——以古典書文為主》，國立成功大學臺灣文學系，二〇〇六年七月。
8.施懿芳，〈從郊行的興衰看鹿港的社經變遷——一六六一年～一九四三年〉，臺灣高雄，國立中山大學中山學術研究所碩士論文，一九九一年七月。
9.許瑞浩，《清初限制渡臺政策下的閩南人移民活動》，臺灣大學歷史研究所碩士論文，一九八七年。
10.許雪姬，〈清代臺灣武備制度的研究——臺灣的綠營〉，臺灣臺北，國立臺灣大學歷史研究所博士論文，一九八二年五月。
11.陳純瑩，《明鄭對臺灣的經營（1661-1683）》，國立臺灣師範大學歷史研究所碩士論文，一九八六年五月。
12.彭增龍，〈民間信仰在清法滬尾戰役角色之研究〉，臺北市立師範學院國民教育研究所社會科教學碩士學位班，二〇〇三年一月。
13.葉高樹，〈降清明將研究（1618-1683）〉，國立臺灣師範大學歷史研究所碩士論文，一九九二年六月。
14.羅士傑，《清代臺灣的地方菁英與地方社會——以同治年間的戴潮春事件為討論中心

(1862-1868)》，國立清華大學歷史學研究所碩士論文，二〇〇〇年六月。

肆

地圖集

1.（荷蘭）冉福立(Kees Zandvliet)著，江樹生譯，《十七世紀荷蘭人繪製的臺灣老地圖》（上、下冊），臺北，英文漢聲出版公司，一九九七年九月、十月出版。

2.呂理政、魏德文主編，《經緯福爾摩沙：十六～十九世紀西方人繪製臺灣相關地圖》，臺北，南天書局，二〇〇五年初版。

3.《地圖臺灣導覽手冊》，臺北，國立臺灣博物館，二〇〇五年五月。

4.吳密察等撰文，國立臺灣博物館主編，《地圖臺灣：四百年來相關臺灣地圖》，臺北，南天書局，二〇〇七年十一月初版。

伍

網路文章及其他

1.《六堆忠義祠簡介》，出版年不詳，摺頁。

2.《北極殿簡介》，出版年不詳，中和境北極殿管理委員會。

3.《安平古堡》，臺南市政府文化局，摺頁。

4.《臺南三山國王廟》，臺南，三山國王廟管理委員會，二〇一二年十二月，摺頁。

5.《寧靖王簡介》，高雄路竹竹滬，華山殿管理委員會編印，二〇一一年八月。

6.《褒忠義民廟創建兩百貳拾週年紀念特刊》，臺灣新竹，褒忠義民廟創建兩百貳拾週年紀念慶典籌備委員會，二〇一二年四月。

7.《澎湖烽煙的故事》，交通部觀光局，澎湖國家風景區管理處，摺頁。

8.《泉郊簡介》，財團法人彰化縣私立鹿港金長順泉郊慈善基金會，一九九五年六月。

9.《鹿港三級古蹟三山國王廟導覽簡介》，摺頁。

10.邱澎生，〈試論清代臺灣工商社團權力發展的特質〉，邱澎生個人網站《阿牛說的歷史故事》http://idv.sinica.edu.tw/pengshan/Taiwanmerchantassociation.htm（二〇一二年十一月十七日瀏覽）。

11.許毓良，〈番屯〉，《臺灣大百科全書》，http://taiwanpedia.culture.tw/web/content?ID=3568（二〇一二年七月十七日瀏覽）。

12.劉正一主編，《六堆天后宮沿革誌》，出版年不詳，內埔鄉六堆天后宮發行。

HISTORY系列001

被誤解的臺灣史——1553～1860之史實未必是事實

作　　者—駱芬美
攝　　影—蔡坤洲・駱芬美
主　　編—顏少鵬
責任編輯—邱憶伶
責任企劃—吳宜臻
美術設計—我我設計工作室 wowo.design@gmail.com
總 編 輯—李采洪
董 事 長—趙政岷
出 版 者—時報文化出版企業股份有限公司
108019台北市和平西路三段二四〇號三樓
發行專線：（〇二）二三〇六—六八四二
讀者服務專線：〇八〇〇—二三一—七〇五
（〇二）二三〇四—七一〇三
讀者服務傳真：（〇二）二三〇四—六八五八
郵撥：一九三四四七二四時報文化出版公司
信箱：一〇八九九台北華江橋郵局第九九信箱
時報悅讀網—http://www.readingtimes.com.tw
電子郵件信箱—newstudy@readingtimes.com.tw
時報出版愛讀者粉絲團—http://www.facebook.com/readingtimes.2
法律顧問—理律法律事務所 陳長文律師、李念祖律師
印　　刷—華展印刷有限公司
初版一刷—二〇一三年二月二十二日
初版十九刷—二〇二四年七月八日
定　　價—新台幣三五〇元

被誤解的臺灣史：1553～1860之史實未必是事實 / 駱芬美 著.
--初版. 一臺北市：時報文化，2013.02
面；　公分. --（HISTORY系列：1）
ISBN 978-957-13-5728-7（平裝）
1.臺灣史
733.21　　　102002381

ISBN 978-957-13-5728-7
Printed in Taiwan